Audaz, productivo y feliz

Audaz, productivo y feliz

Una guía para conseguir objetivos increíbles
y dominar tu vida personal y profesional

ROBIN SHARMA

Traducción de
Jofre Homedes Beutnagel

Grijalbo

Audaz, productivo y feliz

Título original: *The Mastery Manual*

Primera edición en España: octubre, 2015
Primera edición en México: noviembre, 2015

D. R. © 2015, Robin Sharma

D. R. © 2015, de la presente edición en castellano para todo el mundo:
Penguin Random House Grupo Editorial, S.A.U.
Travessera de Gràcia, 47-49, 08021, Barcelona

D. R. © 2015, Jofre Homedes Beutnagel, por la traducción

D. R. © 2015, derechos de edición mundiales en lengua castellana:
Penguin Random House Grupo Editorial, S.A. de C.V.
Blvd. Miguel de Cervantes Saavedra núm. 301, 1er piso,
colonia Granada, delegación Miguel Hidalgo, C.P. 11520,
México, D.F.

www.megustaleer.com.mx

ISBN: 978-607-313-666-2
Impreso en México – *Printed in Mexico*

El papel utilizado para la impresión de este libro ha sido fabricado a partir de madera procedente
de bosques y plantaciones gestionadas con los más altos estándares ambientales, garantizando
una explotación de los recursos sostenible con el medio ambiente y beneficiosa para las personas.

Penguin
Random House
Grupo Editorial

Índice

1

Vive desde ahora mismo
en plenitud

Hay mucha gente, demasiada, que pospone la vida. Lo mejor, nos decimos, llegará cuando tengamos tiempo, o acabemos los proyectos acuciantes que consumen nuestros días. A nuestros allegados les aseguramos que seremos más afectuosos, más apasionados cuando todo se calme un poco. Nos hacemos la promesa de que en cuanto dispongamos de algo más de tiempo conseguiremos una forma física inmejorable y seguiremos una dieta más sana. En nuestro fuero interno, sin embargo, todos sabemos que nunca habrá mejor momento que este para vivir la vida al máximo. Porque si no es hoy, ¿cuándo será entonces?

Solemos vivir como si tuviéramos todo el tiempo del mundo. Posponemos vivir de verdad y sacar lo mejor de nosotros, pero de días en semanas, de semanas en meses y de meses en años el tiempo se nos pasa volando y finalmente se agota. La mayoría se arrepiente de lo mismo en el lecho de muerte:

de no haberse arriesgado lo suficiente, ni de haber desarrolla-
do todo su potencial humano. Y de no haber dado más amor.

No dispones de días de más ni de días sin sentido. Hoy
mismo puedes tomar la decisión de aspirar a una meta más
alta, de ser quien siempre has deseado ser. Hoy es el día en
que puedes decidirte a conseguir una excelente salud, o a
ejercer como un verdadero líder en el trabajo, o a ser más
auténtico como persona, o a correr más riesgos y enfrentarte a tus miedos. A mi entender, en eso consiste el liderazgo: en aprovechar el momento y hacer que tu vida sea un
ejemplo para los demás de lo que puede conseguir un ser
humano. No dejes nunca de pensar en cómo sería una vida
mejor. Como digo en mis conferencias y talleres, «con mejor conciencia se pueden tomar mejores decisiones, y con
mejores decisiones se obtienen mejores resultados».

Citas en las que inspirarte

No es cayéndose al agua como se ahoga uno, sino que-
dándose en ella.

EDWIN LOUIS COLE

Tras alcanzar la cima de una gran montaña, descubres
que hay muchas otras por escalar. Me he tomado un momento para descansar, he admirado el espléndido paisaje que me
rodea y contemplado el camino recorrido, pero no puedo

descansar demasiado tiempo, porque la libertad comporta responsabilidades, ni me atrevo tampoco a entretenerme, porque aún no ha terminado mi largo caminar.

NELSON MANDELA

Si no luces con la fuerza con que era tu destino que lucieses, no solo te traicionas a ti mismo, sino que el mundo es peor de como podría ser.

ROBIN SHARMA

6 maneras de llegar a la excelencia personal

1. Redacta un plan de vida para veinte años, tanto en el ámbito profesional como en el personal. Las mejores empresas procuran regirse por una exposición bien meditada de sus objetivos, ideales y valores. Con un plan claro, y una declaración de tus principales valores, podrás tomar decisiones más acertadas, lo cual redundará en menos equivocaciones.

2. Dedica más tiempo a pensar. He prestado mis servicios a las empresas de tecnologías de la información de mayor éxito de la India, y una de las filosofías por las que se gobiernan es la de alentar a los trabajadores de un equipo a que dediquen un tercio de su tiempo a la contemplación. Los seres humanos más eficaces son aquellos que reflexionan más sobre la vida. Piensa con qué quieres que se identifique tu existencia, y en cómo puedes crear más valor. Descubre lo que no funciona en tu vida, y así podrás cambiarlo.

3. Alcanza el equilibrio. No es fácil encontrar el punto medio entre lo laboral y lo personal. Es un reto que se nos plantea cada día, pero si te esfuerzas obtendrás muchos mejores resultados. Reserva tiempo para el ejercicio físico. Asegúrate de que tu familia y tus amigos reciban la atención que se merecen. Y dedica tiempo a ti mismo, porque cuanto más a gusto te sientas más energía positiva difundirás en tu entorno.

4. Corre riesgos calculados. Haz algo que te incomode una vez por semana, empezando por lo que más te asuste. Recuerda que tu crecimiento está más allá de tus miedos.

5. Sé más afectuoso. Los grandes equipos los crean aquellos líderes que no temen ser sinceros ni mostrarse amables con su personal. No es una muestra de debilidad, sino de fortaleza. Sé cariñoso, educado y compasivo con todos los que te rodean. No se trata de arredrarte ante las dificultades, no; de lo que se trata es de poner más humanidad en tu vida.

6. Sé distinto. Por definición, los líderes no siguen al grupo. Vive según tus propios criteros. Presta atención a esos valores que te definen. Sé creativo. No dejes de ser un idealista.

El valor de tu reputación

Mi padre me dijo que una reputación podía tardar en construirse treinta años y perderse en treinta segundos. Estoy convencido de que hay pocas cosas tan importantes como el buen nombre; que te devuelvan las llamadas es algo que no tiene precio. Hoy en día, sin embargo, mucha gente comete el error de pensar a corto plazo y optar por el dinero fácil, por la ganancia rápida, pero no hay éxito en los negocios en los que no se cuidan las relaciones, y esto último lleva su tiempo. Si prometes poco, das mucho, acabas todo lo que empiezas, sabes escuchar y aportas a tus clientes un valor excepcional, obtendrás su respeto y confianza, y de ese modo beneficiarás tu marca personal, que es tu reputación. Vela por tu buen nombre; es uno de tus bienes más preciados. Sé intachable en tu honradez, y no hagas nunca nada que empañe lo que personificas. Así conseguirás una larga carrera en los negocios, y también alcanzarás la plenitud vital.

2

¿Qué caracteriza a las personas de rendimiento extraordinario?

La semana pasada compartí dos días estupendos y muy estimulantes con un grupo de altos ejecutivos de organizaciones del Fortune 500, organismos públicos e iniciativas empresariales. Se habían congregado en una sala de reuniones de un hotel de Toronto para participar en The Elite Performers Series (EPS), un programa que creé hace aproximadamente un año para ayudar a los empresarios a alcanzar nuevas cotas de éxito y relevancia tanto en el ámbito profesional como en el personal. A lo largo de esas dos jornadas quedé profundamente impresionado por los avances que observé en el seminario, y que me confirmaron en la idea de que todos llevamos dentro algo muy grande y que tan solo necesitamos de un entorno seguro que nos estimule para sacarlo a la luz.

A medida que fui conociendo a los participantes del programa, vi con más claridad que las dificultades a las que se enfrentan las personas son en gran parte siempre las mismas. Todos deseamos encontrar más sentido a la vida. Todos tenemos sueños que anhelamos cumplir. A todos nos limitan una serie de miedos. También me di cuenta de que, cuando no nos esforzamos al máximo en el trabajo y en la vida personal, no solo nos traicionamos a nosotros mismos, sino que le negamos a la gente con la que trabajamos, y a la que servimos, la oportunidad de compartir nuestra excelencia; tanto es así que si no elevamos nuestras expectativas y no nos convertimos en quien sabemos que estamos destinados a ser, el mundo no mejorará.

Espero que puedas beneficiarte de los siguientes pensamientos sobre las características que definen a una persona de rendimiento extraordinario. Reflexiona sobre ello.

1. Las personas de rendimiento extraordinario no desempeñan el papel de víctima, sino el de vencedor. Durante mis viajes por el mundo, en los que colaboro con diversas organizaciones como coach ejecutivo, conferenciante y asesor de dirección, veo muchas culturas empresariales en las que se niega por completo la responsabilidad personal. La gente culpa a los demás de lo que no funciona en su organización, y si algo sale mal busca culpables en su entorno. Sin embargo, como digo en mi libro *Las 8 claves del liderazgo del monje que vendió su Ferrari*, «echarles la culpa a los demás solo es disculparse a sí mismo». Todos tenemos la capacidad de generar resultados. Una sola persona puede cambiar una cultura empresarial modificando su zona de influencia, es decir, creando un nuevo equipo, lo cual influye en la cultura de empresa, que a su vez afecta a la organización. Si en tu empresa algo no funciona, usa tu poder para introducir los cambios que deseas.

2. Las personas de rendimiento extraordinario se centran en lo que merece la pena. La mayoría de la gente intenta serlo todo para todos, y al final no consigue nada. Aquellos que muestran un rendimiento altísimo se distinguen por poseer una especie de puntero láser que enfocan en sus máximas prioridades, y una aguda conciencia de cómo utilizar mejor su tiempo. De hecho, edifican toda su existencia alrededor de las actividades que mayor rendimiento les ofrecen con respecto a la inversión. Saben decir que no. Cada mañana, durante su «hora sagrada», dedican un tiempo a planificar y a pensar estratégicamente en lo que deberán hacer durante el día para rendir al máximo y ser de la mayor utilidad posible.

3. Las personas de gran rendimiento viven su verdad. Ahora mismo, mientras estás leyendo este manual, en lo más profundo de ti mismo sabes cómo debería ser tu vida (laboral y personal) para que fuera más auténtica. Tu corazón, en este mismo instante, sabe lo que es bueno para ti. Las personas que buscan la excelencia en el rendimiento han aplicado sus principios organizativos a su filosofía personal, que tienen el valor de plasmar en su día a día, lo cual les otorga un gran poder y unos niveles de confianza excepcionales, porque son conscientes de ser fieles a sí mismos.

4. Las personas de rendimiento extraordinario establecen conexiones humanas. Todas las actividades profesionales giran en torno a las relaciones. No hay nada más importante que crear lazos emocionales con tus compañeros de equipo, tus proveedores y tus clientes. Muchas organizaciones creen erróneamente que en el mercado actual se compite por la cuota en el gasto del consumidor. Lo cierto es que en los actuales mercados la competencia gira en torno a las emociones de la gente. Hazte visible en tus relaciones. Tómate la molestia de memorizar los cumpleaños y de escribir a mano cada semana notas personales de agradecimiento. Es fundamental que los demás sepan que no te son indiferentes. Si les abres tu corazón, te recompensarán con su lealtad y también con su afecto.

5. Las personas de rendimiento extraordinario crean un valor excepcional. Estoy profundamente convencido de que en el mercado actual se nos gratifica en función del valor que añadimos. Si quieres más beneficios, aporta más valor. Dales a tus clientes más valor del que tienen derecho a esperar. Promete siempre por debajo de tus posibilidades, y luego da más de lo que se espera de ti. Reflexiona hasta altas horas de la noche sobre la mejor manera de servir a las personas con las que tienes el privilegio de hacer negocios y ayudarlas a cumplir sus sueños. Será un empujón decisivo para tu carrera.

6. Las personas de rendimiento extraordinario se vuelcan en la excelencia. Uno de los aspectos en los que hago más hincapié durante el programa de dos días de la Elite

Performers Series es un proceso que ha demostrado ayudar a cualquier trabajador a alcanzar la excelencia en todo lo que hace. Personalmente la palabra «excelencia» me parece muy bonita. Las personas de rendimiento extraordinario se hacen constantemente la siguiente pregunta: «¿La manera que tengo de mostrarme a los demás es excelente en todo el sentido de la palabra, es un reflejo de alguien que juega en primera división?». En el mundo en que vivimos impera la mediocridad. Cuando te dedicas, o mejor dicho te vuelcas, en llegar a la excelencia, tanto en tu forma de pensar como en tus actos, destacas en un mercado repleto de gente y demuestras un verdadero liderazgo.

7. Las personas de rendimiento extraordinario profundizan en sí mismos. No hay cambio posible sin cambio personal. Vivimos en un mundo centrado en lo exterior, que nos vende la idea de que nuestras vidas cambiarán el día en que ganemos más dinero, tengamos un coche mejor o subamos en el escalafón jerárquico, pero cuando obtenemos cualquiera de estas cosas nos quedamos vacíos e insatisfechos. El verdadero éxito deriva del éxito interior. Dedícate a averiguar quién eres realmente; conecta de nuevo con tu luminosidad; enfréntate a tus miedos; evalúa la calidad de tu vida y lo que quieres que represente; reflexiona sobre las convicciones que te están limitando y pregúntate de dónde vienen. La mejor inversión que puedes hacer es invertir en tu mejor yo.

Citas en las que inspirarte

Fomenta todas tus disposiciones de índole virtuosa, y ejercítalas siempre que surja la oportunidad con la certeza de que adquirirán más fuerza a través del ejercicio, al igual que las extremidades corporales, y de que el ejercicio las volverá habituales.

THOMAS JEFFERSON

El amor a uno mismo no solo es necesario y bueno, sino un requisito imprescindible para amar a los demás.

ROLLO MAY

Nos preparamos constantemente para vivir, pero nunca vivimos.

RALPH WALDO EMERSON

Sé hoy un poco más audaz. Trata de llegar algo más alto. Sé un poco más amable. Sueña más a lo grande.

ROBIN SHARMA

¿Por qué llevar un diario?

Uno de los hábitos que me han cambiado la vida es el de escribir con asiduidad un diario. Tanto en mis conferencias como en mis programas de coaching, animo y reto a los participantes a que empiecen uno, con el objetivo de elevar al máximo su apuesta como seres humanos. He aquí algunas de las razones por las que considero los diarios instrumentos muy eficaces de descubrimiento personal y rendimiento extraordinario:

1. Los diarios permiten usar un lenguaje preciso a partir de ideas vagas. ¿Recuerdas cuando en el colegio creías que ibas preparado a un examen pero luego, al estudiar en grupo y hablar sobre la materia, descubrías tus lagunas? Eso se debe a que cualquier conversación sobre un tema nos obliga a buscar un lenguaje concreto en el que traducir lo que pensamos. Los diarios son conversaciones con nosotros mismos. Cuanto más los utilices, más preciso será tu pensamiento, lo cual, a su vez, aportará a tu vida una gran claridad que te permitirá tomar las decisiones para llevar a cabo los cambios necesarios.

2. Los diarios nos brindan un lugar en el que procesar emociones de las que no somos conscientes. Mi trabajo me ha ayudado a darme cuenta de que la mayoría de las personas tiene enquistada mucha rabia inconsciente (y mucho más bagaje emocional latente de otro tipo). Las emociones que ignoramos inciden en las elecciones cotidianas a un nivel subconsciente. Muchas personas se comportan de forma agresiva e hiriente, y suelen culpar a los demás en vez de asumir su responsabilidad e intentar averiguar los motivos más profundos que inciden en su conducta. Escribir un diario te permitirá procesar la rabia, la tristeza o el rencor que, sin saberlo, puedas haber alimentado durante tu periplo vital. Supone una verdadera liberación que te abrirá las puertas a una mayor libertad y te permitirá tomar mejores decisiones de índole profesional y personal.

3. En los diarios podemos poner nuestros sueños por escrito. Los sueños crean esperanza, y cuanto mayor sea tu intimidad con ellos, y con los anhelos de tu corazón, mayor inspiración podrás aportar a tu vida diaria, lo cual despertará energías positivas capaces de crear una experiencia más rica de la vida.

4. La redacción de un diario permite ahondar en el conocimiento. El mero hecho de poner algo por escrito te ayuda a asimilar mejor lo aprendido. Si tomas apuntes en un seminario, se te «quedará» más lo que aprendas que si no lo hicieses. Con el diario ocurre lo mismo: te permite aprender de la vida y sacar provecho de tu propia existencia. Cada día te vuelves más sabio.

5. Los diarios fortalecen el compromiso. De por sí, anotar las cosas nos afirma en el propósito de hacer que pasen cosas buenas en nuestra vida. Pruébalo hoy mismo. Dedica un cuarto de hora a escribir sobre el día que deseas tener, y sobre las decisiones que estás resuelto a tomar para que se haga realidad. Este acto tan sencillo te permitirá ser mucho más proactivo en tu forma de vivir las horas restantes del día.

3

Un modelo equilibrado de éxito

Me he esforzado siempre por hallar un modelo equilibrado para el verdadero éxito en mi vida. Ha habido veces en las que he perseguido mis objetivos y deseos más profundos con la fuerza de un misil rastreador de calor, y otras en que la sabiduría me ha aconsejado actuar con más contención y, después de establecer mis intenciones, dejar que la vida se desarrollase de un modo más natural. Ahora estoy convencido de que la clave es tener un enfoque equilibrado del éxito. Esforzarse demasiado te conduce a controlar tu destino y a forzar los resultados, mientras que expresar sin más tus intenciones (contándoselas a tus amigos, por ejemplo, o redactando una lista en una hoja) sin respaldarlas con hechos es simple apatía espiritual (basada en el miedo). Creo que para conseguir el verdadero éxito en la vida debemos ser al mismo tiempo prácticos y espirituales. En lo que respecta a la práctica, es fundamental que declaremos nuestras intenciones, demos claridad a nuestra visión y pasemos después a la acción para convertir nuestros sueños en realidad. Tras actuar desde esta posición, también es fundamental que tengamos cierta «flexibilidad» a la hora de plantear nuestros objetivos, es decir, aceptar que tal vez nuestros deseos no se cumplirán enteramente pero que todo será para bien. Albergo la íntima seguridad de que en nuestras vidas existe una coherencia sorprendente, que a menudo se nos pasa por alto cuando intentamos controlar los resultados. Si nos esforzamos al máximo, y aun así no se ajustan los hechos a lo planeado, hay que confiar en que todo ha ocurrido para nuestro bien.

Citas en las que inspirarte

No hay nada más imperdonable que acceder a una vida sin sentido, meta ni norte.

HELEN KELLER

Quizá sea el enraizamiento la necesidad más importante y más desconocida del alma humana.

SIMONE WEIL

Respeta en el universo el mayor poder que existe, esto es, la fuerza creadora que dirige y utiliza todas las cosas. Respeta igualmente el mayor poder que en ti reside, pues es del mismo género creador, lo que utiliza el resto de tu ser y gobierna tu vida.

Marco Aurelio

6 maneras de llenar tu vida de prosperidad

1. Comprométete contigo mismo a aportar a tus relaciones de trabajo más valor que el que correspondería a tu retribución.

2. Más que fundamentar tu vida en la memoria, básala en la imaginación: constantemente en posesión de todo lo que deseas.

3. Acostúmbrate a ofrecer tu dinero y a esperar en silencio que ayude a la persona a quien se lo des.

4. Dedica una hora de esta semana a anotar en tu diario lo que piensas del dinero, para ser más consciente de los posibles bloqueos que te produzca o la resistencia a obtener más.

5. Haz en tu diario un collage en el que aparezcan otras personas que viven la vida que tú quieres tener.

6. Conviértete en la persona más desprendida que conozcas.

Preguntas que desarrollar en tu diario

1. ¿Cómo sería (aquí tu nombre) si actuase en su forma más auténtica y lograra la excelencia en su vida?

2. ¿Qué te han aportado tus experiencias más dolorosas, y en qué sentido sería peor tu vida si no hubieras sacado provecho de ellas?

3. ¿Hay algo por lo cual estarías dispuesto a morir?

4. ¿A qué lecciones te resistes más en este momento de tu vida?

5. En este planeta, ¿quién está haciendo realidad la vida con la que sueñas y por qué te llega tan hondo su figura?

4

El trabajo como función de primera clase

Tuve hace poco la gran suerte de ver en DVD el concierto de U2 en el castillo de Slane, y fue una experiencia inolvidable. En la pasión de Bono, y en la entrega del grupo a la excelencia cuando se trata de trabajar en equipo, con resultados que pocas veces se ven, encontré una gran fuente de inspiración. Me emocionó verlos a todos tan volcados en tocar con el corazón y crear valor para los seguidores que tenían el privilegio de asistir al concierto.

Ver el concierto del castillo de Slane me hizo pensar en U2 como grupo de rendimiento excepcional. Su forma de actuar durante aquellas pocas horas puede enseñarte muchas cosas en lo que se refiere a darlo todo de ti no solo en el ámbito profesional, sino también en el personal. Te invito a buscar tiempo para ver el concierto y reflexionar sobre el talento que aplican estos cuatro músicos cuando se dan el gusto de tocar de forma tan extraordinaria. Tras ver su actuación, te darás cuenta de que todos los integrantes del grupo son maestros en sus respectivas vocaciones. Te darás cuenta también de que sienten un amor sincero por su trabajo y de que, en su caso, no cabe duda de que todo fluye. Pasa tan deprisa el tiempo cuando ves tocar a U2... Se tiene la clara sensación de hallarse ante cuatro seres humanos que siguen sus inclinaciones personales y que están cumpliendo su destino, que son tan felices «trabajando» que estarían dispuestos a hacerlo sin cobrar. Y es evidente que su talento proviene de lo más profundo de su ser, y que desean hacer partícipes a los demás de esos dones que se les ha dado.

Hace poco un amigo me dijo: «Nuestros días no son más que nuestras vidas en miniatura». Qué razón tenía. Una vida estupenda no es sino una serie de días estupendos que se hilvanan como las perlas de un collar. Tómate cada día de trabajo como una ocasión para lucirte, y dalo todo. Tómate cada día como una plataforma desde la que ahondar en tu personalidad, dar rienda suelta a tu talento y ser más afectuoso con tus compañeros de equipo, clientes y proveedores, y sobre todo con la familia con la que te reúnes cada noche. Tendemos a no pensar en las personas más importantes de nuestra vida, porque damos por hecho su presencia; pero la vida es corta, y el momento de ser lo más afectuosos (y entregados) que podamos es hoy mismo.

Citas en las que inspirarte

El verdadero amor empieza cuando ya no esperas nada a cambio.

ANTOINE DE SAINT-EXUPÉRY

Nos ganamos la vida con lo que recibimos, y nos la creamos con lo que damos.

WINSTON CHURCHILL

Serás feliz aproximadamente en la medida en que seas útil.

KARL REILAND

Cuanto más valor crees para los demás, mejor funcionará tu vida. Comprométete a hacer el bien. Para que te dé más la vida, tienes que darle más tú a ella.

ROBIN SHARMA

Preguntas que desarrollar en tu diario

1. Si quisiera que mi vida se resumiera en una sola palabra, ¿cuál sería?

2. ¿Qué no pienso seguir tolerando en mi vida?

3. Si pudiera cambiar una sola cosa en mi vida para elevarla a sus máximas cotas, ¿cuál sería?

4. ¿Cuál ha sido el momento más decisivo de mi vida, y en qué sentido me ha ayudado a ser como soy ahora?

5. ¿Qué haría si me quedaran treinta días de vida?

5

La pregunta de Steve Jobs

Últimamente he pensado mucho en Steve Jobs, el difunto consejero delegado de Apple: en cómo triunfó con el iPod, en cómo cambió Apple, en sus éxitos con los estudios cinematográficos Pixar... Era, por lo que he ido viendo, una persona muy interesante, inteligente, impetuosa, apasionada... Y también un filósofo.

Jobs vivió una temporada en la India formándose. Estudió con hombres sabios, estuvo en retiros de meditación, reflexionó sobre las grandes preguntas de la vida... Por cierto, he oído que Jobs se hacía una pregunta muy concreta cada vez que debía tomar una decisión importante en su vida: «¿Qué haría si fuera la última noche de mi vida?». Me encanta.

Nadie se ha arrepentido en su lecho de muerte de los riesgos que asumió en su vida. No hay ningún lugar menos seguro que la zona de seguridad. Para tener una existencia plena es imprescindible correr riesgos calculados, y hacerlo a menudo. Quien no se atreve nunca gana. Así fue como conoció Steve Jobs a su mujer: estaba en la universidad dando una conferencia y la vio entre el público. Al final de la conferencia se la presentaron, y él sintió el impulso de invitarla a cenar, pero tenía una reunión de trabajo. De camino al coche se hizo una pregunta: «¿Qué haría si fuera la última noche de mi vida?». Así que volvió corriendo a la sala de actos, la encontró y desde entonces no se separaron.

Es muy buen momento para reflexionar. Te despides de un año y das la bienvenida a otro. Profundiza. Reflexiona en lo que tenías que hacer y no has hecho porque se interpuso el miedo. Piensa en lo deprisa que se va la vida, y en lo que queda por hacer para que consideres que lo has dado todo como ser humano. Y luego, sal al mundo y lúcete. A todos nos beneficiará.

Citas en las que inspirarte

Me gusta decir que los riesgos nunca son en balde. Aprendes lo que hay que hacer o lo que no hay que hacer.

JONAS SALK

Sé que no me arrepentiría de fracasar; sé que de lo único que puedo arrepentirme es de no haber probado.

JEFF BEZOS,
fundador de amazon.com

Quien intenta hacerlo todo no consigue nada.

ROBIN SHARMA

Tu milla de cuatro minutos

El filósofo Arthur Schopenhauer observó: «La mayoría de la gente confunde los límites de su visión con los del mundo. Unos pocos no lo hacen. Únete a ellos». Profunda verdad. La vida que llevas en este momento no es necesariamente la de tu futuro. Es posible que estés viendo las cosas a través de tus miedos, limitaciones y premisas erróneas. ¿Sabes qué pasa si limpias el cristal por el que miras el mundo? Pues que aparece todo un abanico de nuevas posibilidades. Recuerda que no vemos el mundo tal como es, sino tal como somos nosotros. Es una idea que a mí me ha cambiado la vida.

Hace años se creía que ningún ser humano rompería jamás la barrera de los cuatro minutos por milla, pero, desde que la superó Roger Bannister, en cuestión de semanas repitieron su hazaña muchas más personas. ¿Por qué? Porque Bannister les demostró que era posible, y la gente, armada de esa convicción, hizo lo imposible.

¿Cuál es tu «milla de cuatro minutos»? ¿Por qué estás tan convencido de tu incapacidad para realizar ciertas cosas? ¿Qué premisas erróneas adoptas respecto a lo que no puedes tener, hacer y ser? Tu pensamiento crea tu realidad. Si piensas que en tu vida no puede pasar una determinada cosa, no habrá manera de que emprendas las acciones necesarias para hacer realidad ese objetivo. Tu «pensamiento de imposibilidad» se convierte en una profecía que se cumple a sí misma. Lo que percibes como tus limitaciones se transforma en cadenas que te apartan de la grandeza a la que estabas destinado. ¿Qué tiene que ver eso con el liderazgo?

Liderazgo ambidiestro

A principios de este mes impartí dos conferencias en Bombay para IBM India. Durante mi estancia me tomé un café con uno de sus directivos que, al igual que Steve Jobs, era filósofo, a pesar del traje de ejecutivo. Fue una conversación de gran alcance, durante la que expresó una serie de verdades que me parecieron fascinantes. Hubo una en particular que me dio que pensar: «El liderazgo ambidiestro es la clave del éxito y la plenitud. Todo es yin y yang». Lo que creo que quiso decir es que la clave de la grandeza está en una sola palabra: equilibrio. Todo es equilibrio: entre trabajo y familia, entre actuar y pensar, entre cerebro y corazón, entre afabilidad y firmeza, entre la compasión y el valor, entre hacer que pasen cosas y no hacer nada, entre la libertad y la espontaneidad, de un lado, y la responsabilidad del otro. La vida y el liderazgo están llenos de paradojas. La única manera que conozco de resolverlas es llegar a ese equilibrio imprescindible. ¿Que si es fácil? No. ¿Que si vale la pena? Rotundamente sí.

6

Pequeños Actos Cotidianos de Grandeza (PACG)

La grandeza en la vida no está reservada a ninguna minoría de elegidos, hombres y mujeres de piel perfecta, dentadura irreprochable y regio pedigrí. En este planeta no hay seres humanos especiales. Albergo la profunda convicción de que todos podemos optar por crear una vida de grandeza y significación fuera de lo común. Todo se resuelve en los Pequeños Actos Cotidianos de Grandeza (PACG). He impartido a menudo este principio en el taller de liderazgo de The Elite Performers, así como en el fin de semana Awakening Best Self (ABS), y ha tenido un profundo impacto. Una vida estupenda, en resumidas cuentas, no es más que una serie de días estupendos y bien vividos que se hilvanan como perlas de un collar. Del modo en que vives tus días, así das forma a tu vida. Bien mirado, la cuestión es la siguiente: si te entregas de lleno cada día sin excepción y lo das todo, tendrás garantizada una vida extraordinaria.

Solo con que mejores un 1 por ciento cada día tu salud, o tus relaciones, o tus conocimientos profesionales, al cabo de un mes el incremento acumulado será del 30 por ciento. Volcarte cada día, por poco que sea, en la mejora continua y en la excelencia puede cambiar tu vida.

El concepto de los Pequeños Actos Cotidianos de Grandeza me parece muy potente. Significa que para sacar lo mejor de nuestra vida no hace falta que llevemos a cabo una transformación total y absoluta, sino que basta con que nos centremos en ser un poco mejores cada día (en todos los aspectos de nuestra existencia). Debes saber que si no lo das todo como persona, si no explotas todo tu potencial, te habrás traicionado a ti mismo; y estoy convencido de que nada podrá desconsolarte más al final de tu vida como comprender que solo has usado una pequeña parte de tus capacidades. Si existe un abismo gigantesco entre quien estabas destinado a ser y quien eres, nunca podrás ser feliz. Para cerrar este abismo, haz pequeñas cosas cada día que te satifagan, desarrolla un poco más tu intelecto, sé más cariñoso, sé más innovador, corre más riesgos, fomenta relaciones más profundas, y sueña aunque solo sea un 1 por ciento más. A base de días estupendos llegarás a una vida maravillosa.

Citas en las que inspirarte

Mejor sermón puedes dar con tu vida que con tus labios.

OLIVER GOLDSMITH

Si en vez de evitar los problemas te enfrentas a ellos, estarás más preparado para resolverlos.

SU SANTIDAD EL DALAI LAMA

Generar ideas sin llevarlas a cabo es una falsa ilusión.

ROBIN SHARMA

Preguntas que desarrollar en tu diario

1. Si a las cinco personas con las que pasas más tiempo les pidieran que te describiesen como ser humano, ¿qué dirían?

2. Si solo pudiera haber una frase en tu lápida, ¿cuál sería?

3. ¿Cuál ha sido el momento más decisivo de tu vida, y cuáles son las cinco principales lecciones que has aprendido de él?

4. ¿Cómo puntuarías en este momento la calidad de tu vida, del uno al diez (siendo diez «extraordinaria»)? ¿Cómo has llegado a esa cifra?

5 prácticas esenciales para sacar lo mejor de la vida

1. Levántate cada mañana a las cinco y dedica sesenta minutos a trabajar en ti.

2. Rodéate de gente que vive como tú quieres vivir.

3. Sé la persona más amable que conozcas.

4. Lee como mínimo media hora al día textos de reflexión personal.

5. Enfréntate a tus temores, y haz lo que te tienes miedo de hacer.

7

No dejes nunca de aprender

Lleva siempre un libro encima. Pasamos mucho tiempo haciendo cola, o en atascos, o esperando a alguien con quien hemos quedado. ¿Por qué no aprovechas para enriquecer tu intelecto leyendo buena literatura o escuchando buena música? La mayoría de la gente cree que no dispone de tiempo suficiente para leer, pero con algo de creatividad ese tiempo se encuentra.

1. Haz un curso de lectura rápida. Leer es una forma inmejorable de ganar varios años de experiencia en pocas horas de estudio. La mayoría de las biografías, por ejemplo, reflejan las estrategias y filosofías de grandes líderes o personas que han sabido enfrentarse a la vida. Léelas y adóptalas como modelo. La lectura rápida te permitirá asimilar gran cantidad de información en períodos relativamente cortos.

2. Hay personas de rendimiento extraordinario que en un solo día se leen todo un libro. Busca conocimiento e información. No cabe duda de que hemos entrado en la era de la información masiva, y las personas que sepan adelantarse a los acontecimientos podrán usarlo en su provecho. Cuanto más sepas, menos miedo tendrás.

3. Todas las respuestas a cualquier pregunta han sido impresas en papel. Cómo perfeccionar tus dotes de orador, cómo mejorar tus relaciones, cómo ponerte en forma, cómo tener más memoria... Cualquier aspecto del desarrollo personal ha sido tratado en algún libro. Por eso es necesario leer diariamente si aspiras a desarrollar todo tu potencial.

4. Los libros te ayudan a ver lo que ya llevas dentro. En eso consiste la iluminación.

5. Lee más, aprende más, ríete más y ama más.

6. Recuerda el principio de relación: «Cómo seas dentro de cinco años se resumirá básicamente en dos grandes influencias: con quién compartas tus días y qué libros leas».

Citas en las que inspirarte

Breve es la vida. No olvides lo más importante que hay en ella, como es vivir para el prójimo y obrar bien por él.

MARCO AURELIO

Cuando una persona muere, deja sus bienes en casa, a su familia junto a la tumba, y lo único que le acompaña son sus actos.

PROVERBIO ORIENTAL

Si fijas tu rumbo a una estrella, podrás capear cualquier tormenta.

LEONARDO DA VINCI

Los libros que más te ayudan son los que más te hacen pensar. La manera más difícil de aprender es la lectura fácil. Los grandes libros, en cambio, los que proceden de grandes pensadores, son barcos de pensamiento cargados en toda su capacidad de verdad y belleza.

THEODORE PARKER

Preguntas que desarrollar en tu diario

El final del verano trae consigo una magnífica oportunidad para reflexionar sobre cómo pilotas tu vida, tanto la profesional como la personal, e introducir los cambios de rumbo que tan importantes son para ascender al siguiente nivel de la existencia. He observado que si cada semana dedico algunas horas a reflexionar sobre lo que he escrito en mi diario se me aclaran las prioridades, y es como si se presentasen por sí solas nuevas oportunidades de crecimiento y de mejora personal.

1. ¿Qué opinaría el niño que fuiste del adulto en que te has convertido?

2. ¿Qué edad tendrías si no supieras tu edad?

3. ¿Qué tres cosas podrías hacer en los treinta próximos días para llevar tu vida al siguiente nivel de excelencia y de celebración (y qué te impide hacerlas)?

4. ¿Cómo quieres que sea tu vida en todos los aspectos (laboral, personal, espiritual) dentro de veinticuatro meses?

5. ¿Cuáles son las cinco cosas que más feliz te hacen en la vida?

Las 11 reglas para una vida profundamente satisfactoria

1. Antepón las personas a las posesiones.

2. Nunca dejes de hacer lo que más te gusta.

3. Mantente siempre fiel a ti mismo.

4. Recuerda que no vemos el mundo tal como es, sino tal como somos nosotros.

5. Convierte tus heridas en sabiduría, y en tus errores busca virtudes.

6. Sé la persona más amable que conozcas.

7. Haz como mínimo una cosa al día que te haga sudar las palmas de las manos.

8. Lee como mínimo media hora al día textos de reflexión personal.

9. Pasa al menos una hora por semana en silencio y rodeado de naturaleza para renovarte.

10. Comprométete a cumplir un programa de ejercicio serio para disfrutar de un mejor estado físico.

11. Vuélcate en dejar huella y un legado.

8

Destino y liderazgo

Como escribí en *El santo, el surfista y el ejecutivo*, «no hay personas especiales en el planeta». Quiero decir con esto que todos estamos aquí por alguna razón, y con alguna misión específica. Comparto con el prestigioso psicólogo Abraham Maslow la sincera convicción de que todos los seres humanos llevamos escritas en nuestros genes una vocación y una causa. En algunas personas dicha vocación se manifestará en gobernar un país, una empresa o una comunidad. Otras criarán una familia de líderes o manifestarán una capacidad de liderazgo a través del arte, de la poesía o del servicio público. Todos tenemos un destino, y nuestra vida empieza a funcionar a su más alto nivel cuando nuestros días tienen como objetivo llevar a cabo esta misión principal.

Son muchos los que me preguntan en mis seminarios: «Robin, ¿cómo puedo descubrir mi destino?». Y yo siempre contesto lo mismo: «No puedes descubrirlo; te descubrirá él a ti». El mejor paso que puedes dar es emprender el trabajo interior necesario para llegar a conocerte al nivel más profundo. Escribe un diario, medita y reflexiona con paciencia para conocer tus valores más auténticos, tus creencias más elevadas y el tipo de vida que deseas realmente crear. Cuanto más profundices, más sabrás; y cuanto más sepas, más fácil te será reconocer las señales que te conducirán a tu destino. Cuando las hayas encontrado empezará a desplegarse todo tu potencial como ser humano.

Citas en las que inspirarte

¿Y qué es tan importante como el conocimiento?, preguntó la mente. Preocuparse por el prójimo y ver con el corazón, respondió el alma.

FLAVIA

Si ya no podemos asombrarnos y maravillarnos ante la belleza y el misterio de la vida es que ya no somos humanos.

CHARLENE SPRETNAK

En lo primero que consisten los negocios no es en ganar dinero, fabricar productos u ofrecer servicios. Los negocios, al igual que el comercio, son ante todo un vehículo para alcanzar la grandeza personal y colectiva. Sirven para conseguir algo valioso y noble.

PETER KOESTENBAUM

Cómo hacer de tu vida algo extraordinario

Te invito a que reflexiones sobre cómo sería tu vida en su nivel más elevado y extraordinario. Cuanto más capaz seas de entablar conversaciones (con otras personas y contigo mismo, gracias al poder del diario) sobre lo que deseas crear durante tu existencia, más te convencerás de ello y más probabilidades habrá de que se haga realidad. ¿Promueves en tus días actos o intenciones que reflejen las posibilidades más elevadas de tu ser? ¿O son los días los que actúan sobre ti pasando a gran velocidad sin que incidas en ellos con tu creatividad? Uno de los mayores objetivos que debes plantearte es incorporar a tu vida aquellas capacidades que definen a los seres humanos más capacitados. Aquí tienes cinco principios que te ayudarán a conseguirlo:

1. Fíjate un objetivo principal concreto. Se trata de un párrafo que deba resumir lo que deseas que represente tu vida. Léelo tres veces al día (por la mañana, al mediodía y por la noche) y verbalízalo a menudo para comprometerte más a fondo con él.

2. Crea tu propio *dream team*. Busca a personas cuyas vidas funcionen y sean como la que pretendes crear para ti. Sal a comer con ellas cada cierto tiempo, llámalas de vez en cuando por teléfono, relaciónate con ellas y mantened conversaciones profundas. Sus ideas y hábitos personales influirán en ti y te ayudarán a acceder a las posibilidades que te brinda la vida.

Crea estructuras de éxito. Todas las grandes vidas están cimentadas en estructuras sobre las que se sustenta su éxito. Algunos ejemplos de estructuras de éxito que deberías incorporar a tu vida son trabajar un par de veces por semana con un entrenador personal, programar semanalmente una lluvia de ideas, buscarte un coach vital, tomar cada día vitaminas y suplementos, dedicar un momento concreto de la semana a tus planes y visiones de futuro y dar regularmente paseos por la naturaleza.

3. Pasa a la acción. El equilibrio entre hacer que sucedan las cosas y no intervenir para que ocurran es muy delicado. La vida es siempre un equilibrio entre hacer y ser. El líder inteligente consigue el equilibrio idóneo. No hay nada que pueda sustituir el trabajo duro de toda una vida ni una acción resuelta para crear la experiencia vital a la que aspiras. Dice un viejo refrán que «Dios ayuda a quienes se ayudan a sí mismos». Haz algo cada día que te haga crecer y signifique un paso adelante para hacer realidad la visión que tienes de tu vida.

4. Presta atención a con quién te relacionas. Si quieres saber cómo será tu vida dentro de cinco años, reflexiona sobre las diez personas con las que más tiempo pasas. El entorno en el que te mueves (es decir, las personas con las que convives) definirá el tipo de persona en la que te conviertas, y la clase de vida que lleves. Saca lo mejor de ti, rodéate de gente y conversa con personas volcadas en la grandeza en el liderazgo y en la responsabilidad personal.

9

El poder de tus relaciones

Últimamente, en mis conferencias y talleres, comparto con la gente una frase muy sencilla: «Dime con quién andas y te diré quién eres». Al iniciar el que espero será el mejor de todos los años que has vivido, dedica unos momentos a reflexionar sobre el hecho de que nos convertimos en las personas con las que nos relacionamos. Adoptamos la forma de pensar, la filosofía e incluso la conducta de aquellos con los que más tiempo pasamos. Se trata a menudo de un proceso inconsciente; ni siquiera nos damos cuenta de que nuestro entorno nos influye, pero ten por seguro de que las relaciones son algo sumamente poderoso, y que es cierto que las compañías inciden profundamente en nuestra manera de ser.

¿Te codeas con personas cuyas vidas son como la que sueñas para ti? ¿Conversas con tus héroes? ¿Tus amigos y colegas te estimulan? ¿Te alientan a representar algo mayor de lo que eres en este momento? ¿O te deprimen y te frustran, limitándote a ti y tus posibilidades? Ten en cuenta otra cosa: tus relaciones no solo son de forma humana. Estoy

convencido de que nos convertimos en los libros que leemos, porque al leer mantenemos una conversación con el
autor. Cuando leemos a los mejores, avivamos nuestra excelencia, al tiempo que descubrimos ideas nuevas que nos
obligarán nuevamente a actuar, con mejores resultados. La
idea básica es la siguiente: cuanto más aprendemos más podemos hacer. Y cuanto más y mejor sepamos mejor podremos elegir.

Estamos al principio de un nuevo año. Te propongo que
pongas por escrito en una hoja de papel al menos diez de
las lecciones que hayas aprendido este último año, y a continuación formules no solo las metas que consideres importante alcanzar en este nuevo año sino también la filosofía
de vida que deseas adoptar tanto en el ámbito profesional
como en el personal. Poner por escrito nuestras intenciones
activa una serie de causas poderosas cuyo resultado será espléndido. Durante estos ejercicios de reflexión y plantea-
miento de objetivos, piensa en tus relaciones, en las personas de las que eliges rodearte, en las influencias que recibes
del entorno, y en lo que dejas entrar en el valioso palacio
que es tu mente. Me consta que sabes que lo que sucede
dentro determina lo que ocurre fuera. Es cierto que el pensamiento da forma al mundo, y que solo podemos actuar a
partir de las ideas que están en nuestra mente. Por lo que
cuanto mayor sea nuestro conocimiento mejor podremos
actuar, no te quepa duda.

Citas en las que inspirarte

Los pensamientos que se mezclan con la vivencia de las emociones constituyen una fuerza «magnética» que atrae otros pensamientos similares o relacionados.

NAPOLEON HILL

Si en vez de evitar los problemas te enfrentas a ellos, estarás más preparado para resolverlos.

SU SANTIDAD EL DALAI LAMA

Bien pensado tampoco es que estemos mucho tiempo aquí. Si hablas con alguien que haya cumplido los ochenta o los noventa te hará la reflexión de que parece mentira que la vida pase tan deprisa. El tiempo se nos escurre de las manos como arena, y ya no vuelve. Vive hoy con arrojo, pasión, excelencia y amor. Corre hacia lo que te atemoriza. Sé el defensor de quienes te rodean. Y escarba en tu interior para que salga a relucir una parte mayor de tu auténtico ser.

ROBIN SHARMA

8 maneras de reequilibrar tu vida

1. Empieza cada día con sesenta minutos de «hora sagrada», alimentando tu mente, tu cuerpo, tus emociones y tu espíritu.

2. Sumérgete cada semana en la naturaleza.

3. Escribe «cartas de amor» a las personas que necesitan que se las valore.

4. Experimenta como mínimo unos minutos al día el silencio, la soledad y la quietud.

5. Haz lo que te hacía sentirte feliz cuando eras pequeño.

6. Tómate en serio el ejercicio físico, porque no hay nada más importante que tu salud.

7. Escribe un diario para fomentar la claridad mental y profundizar la comprensión.

8. Busca una causa mayor que tú mismo, y aporta algo a los demás.

Preguntas que desarrollar en tu diario

1. ¿Cuáles son los tres grandes obstáculos que te impiden crear la vida que deseas?

2. ¿Cuáles son las tres cosas principales que te roban energía y te impiden sacar lo mejor de la vida?

3. ¿Cuáles son los tres riesgos que tienes que correr, y a los que siempre te has resistido?

4. ¿Cuáles han sido las cinco enseñanzas principales de este último año?

5. ¿Qué cinco palabras condensan aquello en lo que quieres convertir tu vida?

El valor de las «microaventuras»

Al fin de semana Awakening Best Self (ABS), un taller dedicado al cambio personal, acuden muchas personas en busca de herramientas prácticas que las ayuden a encontrar una felicidad constante. Una de las ideas que he enseñado en los últimos tiempos es el concepto de lo que llamo «microaventuras». De pequeños, nuestra felicidad se debía principalmente a que realizábamos gran parte de las actividades que más nos gustaban: hacíamos rebotar piedras en un lago, o nos tirábamos por la nieve, o simplemente, inmersos en el juego, vivíamos el presente. Al hacernos mayores, en muchos casos, prescindimos de lo que tan felices nos hacía en nuestra infancia. Ya no tocamos aquel instrumento musical que hacía cantar nuestra alma. O dejamos de practicar el hockey, el esquí, o el surf. O ya no pasamos buenos ratos con aquellos amigos que nos hacían reír tanto que parecía que nos iba a explotar la barriga. La clave de los grandes cambios son los pequeños pasos cotidianos. El viaje de mil millas empieza, es cierto, con un solo paso. Practicando las «microaventuras» (pequeñas aventuras que inyectas en tu vida) recuperarás la pasión que tal vez hayas perdido.

Una microaventura que podrías poner en práctica la próxima semana es reservar una hora del sábado o del domingo para ir a tu librería favorita y curiosear en la sección que más te interesa. Si no conoces la comida vietnamita, probarla podría ser otra microaventura, o recibir clases de snowboard, o conversar con una persona a la que admiras, o dar un paseo por el bosque; son tantas las microaventuras que podrías plantearte durante la semana y que harían que tus días fueran más plenos y felices. Recuerda que cuando se programa una cosa uno acaba por hacerla, y programar al menos una microaventura por semana hará maravillas en tu manera de pensar, sentir y actuar.

10

Un saludo a mis héroes

Hace poco pasé un fin de semana entre soñadores. Al último taller Awakening Best Self (ABS) acudió gente de México, Puerto Rico, Estados Unidos y Canadá, un grupo excepcional de espíritus valientes volcados en darlo todo como seres humanos. El viernes por la noche llegaron, con sus máscaras sociales puestas, consejeros delegados, amos de casa, estudiantes, empresarios, artistas y profesores, preguntándose qué pasaría durante ese fin de semana. El domingo por la tarde se habían producido una serie de cambios asombrosos, debido a que los participantes habían trascendido sus grandes temores, habían plantado cara a sus resistencias y se habían comprometido de todo corazón a regresar al mundo brillando con toda su luz. La cantidad de amor acumulado en la sala era increíble. La valentía que observé en esas personas a lo largo de dos días y medio hace que las vea como mis héroes.

Tu mundo solo cambiará cuando asumas la responsabilidad personal que necesitan los cambios. El mundo es un espejo: no recibimos de él lo que deseamos, sino lo que somos. Ahondando en tu ser, explorando tus valores más auténticos, expresando qué pretendes de tu vida y procediendo después a manifestar todos estos resultados (al tiempo que creas un valor extraordinario para quienes te rodean), tu vida empezará a moverse en unos niveles que jamás habrías imaginado. Puedes cambiar tu vida en un momento: el de tomar en lo más profundo de tu ser la decisión de no vivir de forma mediocre y de afrontar tus miedos. Mereces despertar tu mejor yo. Mereces una vida llena de alegría, de abundancia y de plenitud. Mereces ser una estrella.

Como he escrito en mi libro *Descubre tu destino con el monje que vendió su Ferrari*, el mundo está experimentando un cambio de conciencia. Son cada vez más los que se niegan a conformarse con algo menos que la excelencia personal. Son cada vez más los que abren sus corazones y abogan por la compasión en sus comunidades. Son cada vez más los que, al volcarse en la excelencia, hacen realidad todo su potencial. En eso consiste el liderazgo. Es posible, sí, que al decir tu verdad, vivir a corazón abierto y buscar lo extraordinario la gente no te entienda, ya que un «líder», por definición, es quien se aparta de la multitud y hace las cosas de otro modo. Yo sé que eres un soñador. Sé que deseas lo mejor de la vida. Y sé también que aspiras a marcar la diferencia. Por eso te saludo. Eres mi héroe.

Citas en las que inspirarte

¿Cómo es posible que vaciles? ¡Arriésgate! ¡Arriésgate a lo que sea! Que no te importen ya las opiniones ajenas, todas esas voces.

Haz lo que más difícil te resulte en el mundo: actúa por ti mismo, acepta la verdad.

KATHERINE MANSFIELD

Soñador es quien solo puede encontrar su camino a la luz de la luna, y cuyo castigo es ver amanecer antes que el resto del mundo.

OSCAR WILDE

Tienes el deber de brillar, y si te niegas a aceptar esa responsabilidad tu falta de valor empeorará el mundo.

ROBIN SHARMA

Preguntas que desarrollar en tu diario

1. ¿Cuál es el mejor libro que has leído en tu vida, y por qué?

2. ¿Cuáles son tus tres mayores miedos, y cómo te han limitado en tu vida?

3. ¿Con qué quieres que se identifique tu vida?

4. Escribe en una hoja de papel una lista de los diez principios organizativos que te comprometes a seguir durante el resto de tu vida.

11

Lección de liderazgo del mes

El siguiente párrafo es un extracto de mi libro *Las 8 claves del liderazgo del monje que vendió su Ferrari.* En esta parte de la historia el personaje principal, Julian Mantle, expone su filosofía del liderazgo a su antiguo compañero de golf, un empresario a quien le está costando mucho adaptarse a los cambios de la cultura empresarial. En la página 79 del libro Julian declara lo siguiente:

> Deja de echar la culpa de tus fracasos a tu gente. Tampoco se la eches a los cambios económicos, a la creciente reglamentación y a las presiones de la competencia. Si la gente no ha aceptado tu visión es porque no ha aceptado tu liderazgo. Si no es leal es porque no le has dado razones suficientes para que lo sea. Si no les apasiona su trabajo es por el mismo motivo. Asume toda la responsabilidad. Entiende que un gran líder precede a unos grandes seguidores.

Citas en las que inspirarte

No es que no nos atrevamos porque las cosas sean difíciles, sino que las cosas son difíciles porque no nos atrevemos.

SÉNECA

La vida se vive en la cuerda floja. Lo demás es una simple espera.

PAPPA WALLENDA, EL GRAN FUNÁMBULO

Es asombroso lo que uno puede conseguir cuando no le importa quién se lleva el mérito.

HARRY S. TRUMAN

Preguntas que desarrollar en tu diario

1. Si solo te quedaran cinco minutos de vida, ¿a quién llamarías por teléfono y qué le dirías?

2. Si hoy pudieras cenar con cinco personas de cualquier lugar del mundo, ¿quiénes serían y por qué querrías relacionarte con ellas?

3. ¿Qué elevaría tu vida al siguiente nivel si pudieras hacerlo a diario?

4. ¿Cuál de entre todas tus relaciones se beneficiaría de que fueses más generoso, compasivo y atento?

5. ¿Qué acto cotidiano podrías realizar para mejorar el mundo?

5 maneras de vencer el hábito del estrés

1. Hazte esta pregunta: «¿Dentro de un año tendrá alguna importancia esta crisis?».

2. Pulsa durante cinco minutos el botón de pausa de tu vida y sal a pasear al aire libre.

3. Bebe más agua. (La ciencia ha demostrado que beber más agua mejora el funcionamiento del cerebro.)

4. Plasma tus preocupaciones en tu diario. El mero hecho de desahogarte por escrito hará que sea más fácil quitártelas de encima.

5. Explícale tus sentimientos a un colega de confianza.

Al liderazgo personal a través del dominio de la ira

La siguiente historia es útil en momentos de frustración.

Había una vez un niño que se enfadaba muy a menudo. Una tarde su padre decidió darle una bolsa de clavos y le dijo: «Hijo mío, cuando te enfades saca uno de estos clavos y clávalo en la valla del patio. Te sentará bien desahogar tu frustración». Al final del primer día el niño había clavado veinticinco clavos en la valla.

Fueron pasando las semanas, y el niño, cada vez más consciente de sus enfados, empezó a clavar menos clavos en la valla. En ningún caso negaba la rabia, pero con el tiempo le resultó más fácil experimentarla en silencio y desprenderse de ella que clavar furiosamente clavos en la valla.

Llegó el día en que consiguió controlar su ira, y entonces su padre le dijo: «Hijo mío, ahora ve a la valla y saca un clavo por cada día en que no hayas podido controlar tu rabia y asumirla de manera responsable». Al día siguiente, el niño fue a ver a su padre y le dijo que ya no quedaba ningún clavo en la valla. El padre contestó: «Estoy orgulloso de ti, hijo mío. Quiero que mires los agujeros que has hecho en la valla. Cuando se dicen las cosas con rabia, irritación o frustración se puede agujerear a las personas de la misma manera que tú has agujereado la valla. Aunque retires tus palabras y pidas perdón, la herida puede permanecer mucho tiempo abierta, así que sé amable y compasivo, y cuida a todas las personas de tu vida. La vida es un viaje corto, y no hay nada más importante que las relaciones».

Piensa durante tu semana laboral en las personas con las que trabajas, y pregúntate si les muestras lo mejor de ti y si las tratas como los magníficos seres humanos que son en realidad.

12

Al liderazgo a través de la audacia

La intención de este módulo es alentarte a ser un verdadero líder mostrándote audaz en todos los actos de tu vida. Es posible que la mejor manera de llevar tu existencia a su más alto nivel sea prestar atención a los temores que te empequeñecen, y después, metódicamente, proceder a trascenderlos. Mis miedos, para mí, representan enormes oportunidades de crecimiento y de transformación. Cuanto más me enfrento a ellos, más deprisa me encamino hacia mi libertad. Por eso el reto que te pongo es tan sencillo como este: ve a los sitios que te atemorizan y adéntrate en los espacios desconocidos de tu vida (porque ahí es donde residen las posibilidades de crecer).

Citas en las que inspirarte

Donde tropieces estará tu tesoro.

Joseph Campbell

Aventurarse provoca ansiedad, pero no aventurarse es perderse a uno mismo... y aventurarse al más alto nivel es justamente tener conciencia de sí mismo.

SOREN KIERKEGAARD

El liderazgo no consiste en dirigir cosas, sino en lograr que la gente se desarrolle. Los líderes clarividentes son los que entienden que los verdaderos activos de una empresa suben en el ascensor por la mañana y bajan en él por la noche.

ROBIN SHARMA

Aprender es recordar.

SÓCRATES

Lee primero los mejores libros, o descubrirás que ya no tienes tiempo.

HENRY DAVID THOREAU

El erudito que piensa pero no crea es como la nube que no da lluvia.

PROVERBIO ORIENTAL

Al autoliderazgo a través de la audacia:
5 prácticas

1. Habla sobre lo que te da miedo. Los negocios no son más que una conversación: si pierdes las que mantienes con tu clientela y tus colegas, acabarás perdiendo también el negocio. Cuanto más expreses tus miedos, antes desaparecerán. Dar voz a las cosas que te empequeñecen en la vida permite exponerlas a la luz de la conciencia, en la que se disipan (como se disipan las sombras a la luz del día).

2. Siente tus temores. En nuestra sociedad se nos incita a menudo a ignorar nuestros miedos y a «pensar en positivo», de modo que tendemos a negarlos, lo cual no solo resulta ineficaz, sino también malsano. Cuando sientas algún temor, sea el de hablar en público o el de aventurarte en un gran proyecto, acéptalo. Hazte amigo de tus miedos. Observa dónde viven, en términos de sensaciones corporales. (A menudo los miedos se presentan como un nudo en el estómago.) Si sabes reconocer tus temores perderán el poder que tienen sobre ti.

3. Practica. Cuanto más preparado estés, menos te limitarán tus miedos. Si temes preguntar por una venta, o tratar con un empleado difícil, recurre al ensayo y a la visualización mentales. Ensaya el desenlace perfecto en la pantalla de tu imaginación.

4. Educación. Cuanto más puedas leer y aprender sobre aquello que te atemoriza, más poder tendrás. Si temes llevar tu negocio al siguiente peldaño del escalafón, porque crees que será demasiado complejo y estresante, por ejemplo, lee biografías de personas que hayan recorrido ese mismo camino antes que tú. Vive su enfoque desde dentro, y observa cómo hicieron lo que hicieron.

5. Créate una salmodia. Las afirmaciones son herramientas muy eficaces para ayudarte a programar y a reescribir el guión de tus creencias. Crea una «salmodia» simple, de una o dos líneas, que puedas repetir a menudo durante el día para seguir dando lo mejor de ti y mantenerte en tu estado de máximo poder. Podría ser algo así: «Soy una persona de rendimiento extraordinario, percibo el cambio como una oportunidad y me divierto mientras estoy creando éxito».

El gran liderazgo en acción: 6 rasgos

Aquí tienes seis rasgos que definen a los verdaderos líderes que son precursores del cambio en sus lugares de trabajo:

1. Son discretamente vulnerables: muestran sus sentimientos, pero con sensatez.

2. Son de una inventiva constante: siempre buscan soluciones nuevas a viejos problemas.

3. Se centran al máximo: saben que la materia prima más valiosa de la vida es el tiempo.

4. Se guían por el valor: saben que los beneficios económicos de una empresa son frutos del profundo valor que uno da a todas las partes interesadas.

5. No les da vergüenza mostrarse apasionados: saben que la pasión es contagiosa, y son modelos de entusiasmo.

6. Están centrados en la comunidad: saben que en última instancia no hay nada más importante, en los negocios ni en la vida, que las relaciones.

Preguntas que desarrollar en tu diario

1. ¿A qué te resistes más en la vida en este momento?

2. ¿Qué no piensas seguir tolerando en tu vida?

3. ¿Qué podrías hacer con regularidad para llevar tu vida al siguiente nivel?

13

Las múltiples formas de riqueza

¿Qué es la riqueza? A mi modo de ver hay muchas formas de riqueza. La mayoría de la gente ve la riqueza como algo relacionado exclusivamente con el dinero, pero yo considero que son cinco sus modalidades: riqueza económica, riqueza en relaciones, riqueza física, riqueza en aventuras y lo que llamo riqueza psíquica (que consiste en llenar tu vida de sentido). Creo que si uno no se ocupa de todas ellas tendrá una vida vacía.

La riqueza económica es una obviedad. El dinero es importante para sacarle el máximo partido a la vida. Es necesario para viajar, o pagarles las clases de tenis a los hijos, o la universidad, pero es tan solo una de las formas de riqueza. No basta con tener dinero para alcanzar la verdadera riqueza. También hay que ser rico en relaciones, lo cual consiste en sentirse conectado con otros seres humanos y crear una comunidad fuerte y afectuosa a su alrededor. Otra riqueza que debemos conseguir es la física: sin salud uno no tiene nada. Nadie quiere ser el más rico del cementerio.

También es importante trabajar en la creación de una riqueza en aventuras. Esta consiste en tener sentido de la pasión, y en ser rico en lo que se refiere a aventuras vividas durante nuestro periplo vital. Este tipo de riqueza puede forjarse a base de viajes exóticos, o bien viviendo microaventuras como probar un nuevo tipo de comida o mantener nuevas conversaciones con una persona interesante. Por último, para ser ricos de verdad debemos crear una riqueza psíquica. La necesidad más profunda del corazón humano es vivir por algo más importante que uno mismo. Una felicidad duradera solo puede derivarse de lo que le damos al mundo y a quienes nos rodean, en contraste con lo que recibimos. La riqueza psíquica consiste en vivir por una causa que es más grande que tú.

Muchos nos flagelamos por no poseer tanta riqueza económica como nos gustaría. El dinero es importante para sacarle el máximo partido a la vida, pero no lo es todo. Hay muchos ricos que en el fondo no lo son. Trabajar en cada una de estas cinco formas de riqueza te aportará la inspiración necesaria para llegar más alto, soñar más a lo grande y disfrutar de una verdadera plenitud al saborear ese regalo que llamamos vida.

Citas en las que inspirarte

Aboga por tus limitaciones y seguro que las tendrás.

RICHARD BACH

Al despertar cada mañana, piensa en el valioso privilegio que significa estar vivo, respirar, pensar, gozar, amar.

MARCO AURELIO

Cada mañana, al despertarme y encontrar el mundo intacto, me llevo una sorpresa. Todo está lleno de pruebas del optimismo de la naturaleza. La luz es nueva, y la lluvia suntuosamente húmeda. Cuando brilla el sol sabemos que todo es posible. Cada mañana somos más jóvenes que la noche anterior.

WILLIAM CROZIER

No es posible hacer que otro ser humano se sienta a gusto consigo mismo si antes no eres tú quien te sientes a gusto contigo mismo. El liderazgo empieza por dentro.

ROBIN SHARMA

8 rasgos que caracterizan a los mejores

1. Son amables y dan protagonismo a las relaciones. Priorizan a las personas.

2. Son creadores de valor, con un enfoque exclusivo en el servicio: ayudan a otras personas a conseguir lo que desean, y se vuelcan en ser instrumentos de servicio.

3. Son apasionados, con una pasión que resulta contagiosa. Tienen un brillo infantil en la mirada.

4. Están en sintonía. Su vídeo no se desfasa con su audio. Conservan la integridad. Son honrados, resueltos y centrados.

5. Son disciplinados y trabajadores. Se han construido sus sueños trabajando duro.

6. Son soñadores. Entienden que el éxito consiste en embarcarse en el proceso de crear lo más importante. Es un viaje, y ellos son pacientes.

7. Son valientes. Hacen aquello que les resulta incómodo, y ven los fracasos en términos de estudio de mercado. Entienden que el fracaso es el precio de la ambición.

8. Son originales. Toman el camino menos transitado. Piensan, actúan y sienten de manera distinta a los demás. Ven el mundo con distintos ojos, y eso es precisamente lo que los convierte en líderes. Cambia tu forma de pensar para que cualquier trabajo, hasta el más anodino, se te aparezca como una oportunidad de crecer y de añadir valor a tu organización y a sus clientes.

Preguntas que desarrollar en tu diario

1. ¿Cuál es tu rasgo menos atractivo?

2. ¿Cómo concibes una vida de primera categoría?

3. ¿Cuál es la mejor enseñanza que te ha dado la vida?

14

El poder de la renovación

Cuando llegan los meses de calor se multiplican las oportunidades de reflexionar sobre tu forma de vivir y liderar como ser humano. A menudo estamos tan ocupados en conducir que no nos paramos a llenar el depósito. Estamos tan centrados en trabajar en nuestro negocio que no nos esforzamos en mejorarlo. Estamos tan obsesionados en no desviarnos de nuestra trayectoria profesional que no nos paramos a mirarla desde fuera, lo cual nos impie cambiarla. Estamos tan enfrascados en la cotidianeidad que no apretamos el botón de pausa y no atendemos nuestra vida. Y así, sin darnos cuenta, de días en semanas, de semanas en meses y de meses en años, transcurre mucho tiempo sin que nos hayamos puesto serios y hayamos creado la vida que en nuestro fuero interno sabemos que estamos destinados a vivir. Recuerda que si no introduces cambios en tu vida, seguirás teniendo los mismos resultados que hasta ahora.

Una de las grandes estrategias de éxito de las personas de rendimiento extraordinario es buscar tiempo para renovarse. Por ejemplo, un atleta de élite no compite todos los días; también dispone de tiempo para renovarse, cargar pilas y pensar en cómo mejorar su rendimiento. Trabaja con entrenadores, mira vídeos de competiciones anteriores y dedica mucho tiempo a pensar. Tú, que eres un jugador de élite, no solo en los negocios, sino también en la vida, ¿dedicas suficiente tiempo a ser reflexivo y a preparar estrategias para la vida que deseas crear?

Reserva tiempo durante las próximas semanas para tu diario. Resérvalo asimismo para tener conversaciones profundas sobre lo que más te importa, y sobre lo que no funciona en tu vida. Da largos paseos por el bosque, en silencio. Profundiza. Comprométete a darlo todo como ser humano, a vivir según tus propios términos. Será uno de los mejores pasos que puedas dar.

Citas en las que inspirarte

Si hay algo grande en ti, no aparecerá a la primera llamada. No aparecerá ni vendrá fácilmente, sin trabajo ni esfuerzo.

RALPH WALDO EMERSON

El amor le da a la persona el objetivo de su vida. El intelecto le muestra los medios para hacerlo realidad

LEV TOLSTÓI

Al otro lado de tus miedos vive tu mejor vida.

Robin Sharma

Deshacerse del miedo

Uno de los ejercicios vivenciales que más éxito han tenido entre los participantes de nuestros fines de semana Awakening Best Self consiste en convertir el miedo en libertad. Viajando por el mundo y conociendo a toda clase de gente, me doy cuenta de que si algo nos impide vivir de la mejor manera posible es el miedo. El miedo es la causa de que todos reduzcamos nuestra vida a un tamaño mucho menor del que le correspondería. Y sin embargo la mayoría de los miedos son ilusiones. Casi todos nos han sido enseñados. La mayor parte de nuestras creencias vivenciales solo son fantasías que hemos ido encontrando en el camino y que hemos convertido en verdades. Aquí tienes cinco ideas que te ayudarán a superar tus miedos:

1. Si te resistes a algo, persistirá. Como dijo Sam Keen: «Cuando huyes de algo te da alcance». No huyas de tus miedos; corre a su encuentro.

2. Da voz a tus miedos. La mayoría de la gente los ignora fingiendo que no existen, pero es cuando hablas de ellos cuando empiezan a desaparecer.

3. Escribe acerca de tus miedos. Una excelente manera de ser más consciente de ti mismo es escribir un diario sobre las cosas que te asustan. Vistas sobre el papel, ya no tienen tanto poder sobre ti.

4. Corre riesgos sensatos. Haz cada día algo pequeño que te acerque a tus miedos. Al otro lado de todas las puertas del miedo hay un valioso don.

5. Ensalza la audacia. Cada vez que trasciendas un miedo, felicítate a ti mismo por tu hazaña.

Preguntas que desarrollar en tu diario

1. Si mi vida pudiera resumirse en una sola palabra, ¿cuál sería?

2. ¿Cómo podría introducir un mayor sentido de la curiosidad y del asombro en mi vida?

3. ¿Qué paso me resisto más a dar en este momento de mi vida?

4. Al vivir mis días, ¿maldigo la oscuridad o soy de los que encienden una vela?

5. ¿En el trabajo actúo como una víctima o como un vencedor?

15

Crea un libro de sueños

Cuando tengas una tarde tranquila, sal a comprar diez revistas. Asegúrate de que sean muy variadas: que en una, por ejemplo, salgan casas bonitas y objetos atractivos; en otra, personajes destacados y en alguna, imágenes de gente de aspecto saludable y pletórico. Recorta las imágenes que te resulten más atrayentes, y que representen tus objetivos. Pégalas en una carpeta y escribe al pie de cada una el objetivo que representa, el porqué de que sea importante para ti, qué pasará si no alcanzas esa meta y un plazo concreto para su cumplimiento. Esta estrategia ha hecho milagros con muchos de mis clientes.

Citas en las que inspirarte

> Lo contrario del amor no es el odio, sino la indiferencia. Y lo contrario de la vida no es la muerte, sino la indiferencia.
>
> ELIE WIESEL

Nunca se ha destruido a nadie desde fuera. La destrucción final viene de dentro.

AMELIA BARR

Vivimos en un mundo extraño. Podemos lanzar un misil con una precisión extraordinaria al otro lado del mundo y, sin embargo, nos cuesta Dios y ayuda cruzar la calle para dar la bienvenida a un nuevo vecino. No tenemos tiempo de pararnos a ayudar a alguien que lo necesita, pero parece que siempre lo tengamos para pararnos a mirar un accidente. Nos cuesta encontrar tiempo para leer a nuestros hijos, pero siempre lo sacamos de algún sitio para leer noticias sin valor en un periódico. El verdadero liderazgo como ser humano implica tomarte algo de tiempo para pulsar el «botón de pausa» de tu vida y reflexionar profundamente sobre las cosas que cuentan de verdad, y luego tener la valentía de regirte por ellas durante el resto de tu vida. Así es como puede vivir cualquiera del mejor modo posible, y cumplir su más alto destino.

ROBIN SHARMA

Cómo tratar a un ser humano

1. Trata siempre a los demás como un regalo único en el mundo. Somos todos tan únicos como lo son nuestras huellas dactilares. En este planeta nadie verá el mundo exactamente como tú. Respeta, honra y valora las diferencias, que son lo que nos hace especiales. Lo subrayaré con una cita de William McNamara: «Una vez viví cerca de una mansión con muchos jardineros, pero solo uno había logrado que florecieran todas las rosas. Cuando le pregunté el secreto de su éxito me dijo que los otros jardineros no hacían nada mal, pero que trataban igual a todas las rosas. Las cuidaban de la misma manera, mientras que él observaba cada rosa y se guiaba por la necesidad particular de tierra, sol, aire, agua, soporte y cobijo de cada planta».

2. Di tu verdad. Los grandes líderes también son vulnerables. No ocultan sus sentimientos, ni nunca desaprovechan la oportunidad de homenajear a otra persona desde el corazón. Como digo en mis charlas, «antes de que alguien esté dispuesto a echarte una mano, tienes que llegarle al corazón».

3. Trata de ver más allá. La mayoría de los problemas que surgen entre las personas nacen de la incapacidad de ver desde la perspectiva del otro. Si recordásemos más a menudo que uno de los principales anhelos de la humanidad es la necesidad de ser comprendidos y nos esforzáramos por ver la situación desde el punto de vista de la otra persona, habría muchos menos conflictos y mucha más armonía, tanto en el trabajo como en el mundo en general.

4. Sé educado. Como dijo Peter Drucker, «los buenos modales son el lubricante de las organizaciones». Para

destacar en los negocios debes tener presentes estas palabras claves que favorecen enormemente las relaciones: «por
favor» y «gracias». Al decir «por favor» manifestamos respeto por el receptor, y al darle las «gracias» le hacemos saber que lo valoramos. El éxito en los negocios no estriba en
las grandes acciones, sino en las cosas pequeñas, en los actos cotidianos de amabilidad que te conectan con la gente
con quien tienes el privilegio de trabajar; y, al conectar con
ellos de manera real y duradera, los resultados, en lo que se
refiere a los negocios, siempre hablan por sí mismos.

Cómo ponerse objetivos que se cumplan por sí solos

- Anótalos. Como escribí en mi libro *Sabiduría cotidiana del monje que vendió su Ferrari*, «las cosas que ponemos por escrito son las cosas que nos comprometemos a hacer». Poner por escrito tus objetivos hace que se te graben a fuego en la conciencia y que los percibas de forma más clara.
- Evalúalos diariamente. Lo que no se mide no se domina. De nada sirve repasar tus objetivos cada tres meses. La clave es reflexionar sobre ellos cada día, aunque solo sea cinco minutos; así pueden evaluarse constantemente y corregir el rumbo con frecuencia. Yo puntúo diariamente del uno al diez mis progresos en cada uno de mis objetivos, y gracias a ello soy siempre muy consciente de lo que hago bien y de lo que tengo que mejorar.

- Cuéntaselos a otras personas. Alíate con gente de tu confianza, y reuníos una vez a la semana con el fin de hablar de vuestras metas y estrategias y compartir vuestros éxitos.
- Vive de tu imaginación. Dedica cinco minutos cada mañana a grabar con fuerza en la pantalla de cine de tu imaginación la espléndida visión de tu futuro, la suma de todas tus metas. Todo se crea dos veces: primero en la mente y luego en la realidad.

Cómo superar a la competencia en innovación, rendimiento e ideas

En este nuevo mundo de los negocios en el que nos encontramos trabajando, la verdadera materia prima del éxito son las ideas. Como digo en mis charlas, «los mayores líderes de la nueva economía serán los que se vuelquen en ser los mejores pensadores». Vivimos en un mundo en el que una única idea concebida dentro de un solo cerebro puede cambiar nuestra forma de hacer las cosas. Aquí tienes cuatro maneras fáciles para crear junto a tu equipo una cultura de innovación e imaginación:

1. Plantéate cualquier trabajo como una aventura. «Ponte ojos nuevos» y observa tu trabajo desde una perspectiva más alegre e infantil. Cambia tu forma de pensar para que cualquier trabajo que hagas, hasta el más anodino, se te

aparezca como una oportunidad de crecer y de añadir valor a tu organización y a sus clientes.

2. Reestructura tu entorno. En mi libro *Lecciones sobre la vida del monje que vendió su Ferrari* propongo que creemos entre todos un ambiente puro que fomente pensamientos saludables y el máximo rendimiento en el campo donde se juega el partido de la vida. La calidad de lo que te rodea incide mucho en la condición de tus pensamientos. Haz que en tu espacio de trabajo haya carteles y citas inspiradoras a la vista, impere la limpieza y no el desorden, y resulte divertido trabajar. Recuerda que la empresa que juega unida se mantiene unida.

3. Recompensa los «fracasos inteligentes». Es una expresión que creé como recordatorio de que las grandes victorias siempre están precedidas por innumerables fracasos. El fracaso es la vía del éxito, y equivocarse, la de las grandes ganancias en los negocios (y en la vida). En lugar de penalizar a aquellos miembros de tu equipo que toman la iniciativa sin obtener el éxito que esperaban en su primera tentativa, recompénsalos por salirse de lo estipulado y correr un valeroso riesgo. Así circulará un mensaje por tu cultura empresarial: ¡la innovación es importante!

4. Pasa momentos en la naturaleza. Muchos lectores de *El monje que vendió su Ferrari* me han confirmado por correo electrónico que mi propuesta de rodearse cada cierto tiempo de naturaleza les ha ayudado a tener ideas estupendas, que han mejorado tanto su vida profesional como la personal. Comulgar con la naturaleza nos aleja de los teléfonos que suenan todo el día, y de los faxes, y nos conecta con esa parte más elevada de nuestro ser que se caracteriza por ser intuitiva, sabia e imaginativa. Yo siempre llevo un dictáfono cuando voy a pasear por el campo, porque es cuando se me ocurren las mejores ideas, y es esencial que no se escapen.

16

5 maneras de gestionar tu vida como una persona de rendimiento extraordinario

Tengo el privilegio de ser coach vital de varios consejeros delegados de grandes empresas y de algunos inversores de enorme éxito. Una de las peticiones que me hacen es la siguiente: «Robin, ¿cómo puedo hacer todo lo que necesito hacer en el tiempo limitado de que dispongo, ser buenísimo como pareja y padre y seguir teniendo tiempo para alimentar mi vida interior?». He aquí cinco prácticas sencillas que les propongo:

1. Reserva una hora y media cada domingo por la mañana o por la noche para prever, crear y planificar la semana que está a punto de dar comienzo. Para establecer un vínculo mental con esta imagen de tu mejor semana, empieza por imaginártela (con todo el color y la emoción posibles). Visualízate dando lo mejor de ti en el trabajo y en casa. Siente cómo te diviertes y aciertas al máximo en todas las decisiones que tomes cada día. Acto seguido plasma esta visión en tu diario con el máximo detalle y compromiso. No expongas solo tus intenciones laborales, sino también lo que te vuelcas en hacer (y ser) en casa y contigo mismo. Una vez que lo hayas hecho, planifica meticulosamente los próximos siete días en tu agenda o en tu smartphone.

2. Imponte la disciplina de levantarte todas las mañanas una hora antes. La mayoría dormimos mucho más de lo necesario, e inconscientes entre sábanas se nos escapa la vida. Es verdad que dormir bien es fundamental para un rendimiento extraordinario y para una vida sana, pero el exceso de sueño te arrebata la oportunidad de conquistar tu destino.

3. Concéntrate en lo mejor de ti, y delega el resto. Todos tenemos unas determinadas actividades cuya práctica crea nuestras mejores semanas. En mi caso son el contacto personal con mis clientes, esos momentos de soledad en los que ando a la caza de ideas creativas que me ayuden a desarrollar el contenido de mis libros, el coaching, las charlas, el tiempo conversando con mi equipo de nuestras ideas, y la lectura, que me mantiene alerta y concentrado. Entabla por escrito, en tu diario, una conversación contigo mismo sobre lo que deberías hacer la mayor parte del tiempo para generar los mejores resultados, y después delega o deja de hacer todas esas cosas de bajo nivel que son una pérdida de tiempo y les roban la vida a tus días y tus sueños.

4. Celebra cada mañana tres logros del día anterior. Es una disciplina que ayuda mucho a mantener en buenas cotas el empuje y la energía. Apunta tres cosas del día anterior que te hayan ayudado a sacar el máximo partido de ti mismo, como por ejemplo hacer ejercicio físico, la llamada con la que cerraste un gran negocio, el tiempo dedicado a conectar con las metas de tu vida o la amabilidad con alguien en momentos difíciles. Conectar al principio del día con tus logros del día anterior es una manera de prepararse para el éxito.

5. Hazte constantemente estas dos preguntas: «¿lo que hago en este momento es la mejor manera de usar mi tiempo?» y «¿esta actividad me acerca a mis objetivos o me aleja de ellos?».

Citas en las que inspirarte

El camino a la excelencia es interrumpir DESDE YA todo lo que no sea excelente.

Tom Peters

Deja de hablar de cómo debe ser una buena persona, y limítate a ser tú esa persona.

Marco Aurelio

¿Cuándo conversaste de verdad por última vez con algún compañero de trabajo, no sobre el tiempo, ni sobre tu equipo favorito, sino de vuestras vidas?

TOM CHAPPELL
Fundador de Tom's of Maine

3 lecciones para manejar el cambio

1. En la naturaleza todo es cambio. El mundo lo gobierna una serie de leyes naturales atemporales e inmutables. Si sintonizas tu vida con ellas, esta funcionará; si actúas en contra, la resistencia sumirá con toda naturalidad tu vida en el caos. Una de estas leyes es la siguiente: la naturaleza siente amor por el cambio. Cambian las estaciones; cambia el tiempo; los animales nacen, maduran y mueren. Lo mismo les ocurre a nuestras vidas, que se despliegan en forma de sucesivos cambios. Lo único que hace que nos resistamos al cambio, y que huyamos de él, es la voz del miedo que habla en nuestro interior; y sin embargo todos los cambios son buenos. Nos hacen crecer y evolucionar, y nos dan a conocer quiénes somos de verdad. Cuando aprendes (porque es algo que se aprende) a sentir amor por el cambio, y a bailar en la incertidumbre de la vida, te abres a las posibilidades y a vivir de la mejor manera.

2. Recuerda que quien gana es quien más experimenta. Cuando una organización se pone en contacto conmigo para que la ayude a convertir a sus empleados en ejecutivos de rendimiento extraordinario, la petición que con mayor frecuencia escucho es la siguiente: «Por favor, enséñales a gestionar todos los cambios que estamos viviendo» (debido a una fusión, o al nuevo paisaje económico, o a la reorganización de la empresa). Una de las estrategias que presento al equipo se centra siempre en el valor personal que aporta el cambio a nuestras vidas. El cambio hace que modifiquemos nuestra manera de ver el mundo. El cambio, si se acepta, puede sacarnos del aburrimiento y de la complacencia y conducirnos a los ámbitos más elevados de nuestro yo. El cambio puede ayudarte a percibir oportunidades que hasta entonces solo estaban latentes. Incluso los cambios más dolorosos que podamos experimentar —como un divorcio, un accidente, una enfermedad o la muerte— nos enseñan cosas muy importantes. Como seres humanos podemos elegir: o nos resistimos al cambio, y nos desmoronamos, o bien lo aceptamos, experimentamos los sentimientos que provoca y respondemos a continuación con la auténtica luz de nuestro poder.

3. Recuerda que subirse a las ramas más altas es peligroso, pero ahí es donde están todos los frutos. En tu lecho de muerte no será de los riesgos que hayas corrido de lo que más te arrepientas, no; en esos últimos momentos lo que más te llene de tristeza serán los que no corriste, las ocasiones que no aprovechaste, las cosas que no hiciste. Cuando más feliz es la gente es cuando crece y vive en las ramas más altas. De hecho, cuando más vivos estamos es cuando nos enfrentamos a nuestros miedos, resolvemos los retos y reaccionamos ante lo inesperado. ¿Qué sentido tiene resistirse a estas «oportunidades de crecimiento/vida», si en el fondo ya sabes que marcan el camino que conduce a tu vida más auténtica?

Mis prácticas personales para ser enérgico y tener una salud excelente

Es básico que al recorrer tus días con el objetivo de crear tu mejor año hasta la fecha tengas la energía, la vitalidad y la salud necesarias para dar lo mejor de ti mismo. Estos son algunos de los rituales que acostumbro a seguir para estar sano:

1. No comer después de las ocho de la tarde.
2. Beber mucha agua a lo largo del día.
3. Beber diariamente zumo recién exprimido.
4. Tomar cada día vitaminas y minerales.
5. Comer menos.
6. Hacer ejercicio entre cuatro y cinco veces por semana (pesas y cardio).
7. Tener un entrenador personal (un dinero bien gastado).

17

Deja huella

Tengo algo que confesar: por alguna razón llevo unos días leyendo a menudo las necrológicas. No sé muy bien por qué. Supongo que la mayoría de los seres humanos, cerca ya del ecuador de nuestra vida, conectamos con nuestra mortalidad y nos damos cuenta de que por mucho tiempo que vivamos tenemos los días contados. Quizá te parezca que pensar en la muerte es algo deprimente, pero yo creo que es justo lo contrario: conectar con mi mortalidad insufla más vitalidad a mi existencia. Me da energía y ganas de dar lo mejor de mí mismo, de aprovechar todas las oportunidades que se crucen en mi camino y de aspirar a lo más alto.

Esto es en lo que quiero que pienses durante los treinta próximos días: «¿Cuál será tu legado?». ¿Cómo será la huella que dejes a tu paso, para que sepan las generaciones venideras que estuviste en el planeta? ¿Cuál será tu marca?

Leo las necrológicas para saber mejor lo que es una vida bien vivida. De los buenos aprendo lo que hay que hacer, y de los no tan buenos lo que no hay que hacer. Hay demasiada gente que en el fondo no entiende de qué va la vida hasta poco antes de morir. Yo no quiero ser de esos. Y me parece que tú tampoco.

Citas en las que inspirarte

Los juegos son las formas más elevadas de investigación.

ALBERT EINSTEIN

La clave del éxito es arriesgarse a pensar de manera anticonvencional.

TREVOR BAYLIS

Lo que la mayoría de la gente ve como fracasos son los pasos hacia el éxito.

MALCOLM BRICKLIN

El éxito no viene solo. Requiere esfuerzo y sacrificio. La gente extraordinaria es simplemente la que está dispuesta a hacer lo que no está dispuesta a hacer la gente normal.

ROBIN SHARMA

Harvey Keitel y las ventanas de oportunidades

Yo no siempre acierto. Ten en cuenta que aunque me esfuerce tanto en que mis palabras y mis actos vayan de la mano, y mi vídeo y mi audio estén sincronizados, soy un ser humano, y por lo tanto a veces me equivoco. Voy a explicarte lo que quiero decir.

Dedico mucho tiempo a animar a los lectores de mis libros y a los participantes de mis talleres a que «vayan al encuentro de sus miedos» y aprovechen los «centímetros cúbicos de suerte» (oportunidades) que se les presenten. Desafío a mis clientes a que sueñen, se luzcan y sean atrevidos, porque considero que una vida bien vivida consiste ante todo en aspirar a lo mejor de nosotros mismos. La mayoría de las veces soy el vivo ejemplo de lo que es entrar en sitios que nos dan miedo y hacer justo lo que nos incomoda. Pero hace poco no lo hice. Y pido perdón por ello.

Estaba en el centro de Toronto, en la recepción del Four Seasons, preparando la conferencia que tenía que dar para la empresa Advanced Medical Optics, una compañía estupenda que hace tiempo que recurre a nuestros servicios de coaching. De repente levanto la vista y ¿adivinad a quién veo? A Harvey Keitel. Sí, a Keitel, la estrella de *Reservoir Dogs*. ¿Y qué hace el autor de *El monje*? Pues encogerse ante la grandeza.

Aún no entiendo por qué no me levanté y me acerqué a él para hacer un nuevo amigo. Lo hice en el aeropuerto de Chicago con la leyenda del béisbol Pete Rose. (Acabamos sentándonos juntos en el vuelo a Phoenix.) Lo hice también el mes pasado con Henry Kravis, uno de los principales ejecutivos financieros del planeta, en la recepción de un hotel de Roma. (Estaba con mis hijos, y a Colby le pareció enrollado.) Lo hice con el senador Edward Kennedy cuando lo vi en Boston, y hasta de niño, en Halifax, Nueva Escocia, con el virtuoso de la guitarra Eddie Van Halen. En cambio dejé pasar la oportunidad de conectar con Harvey Keitel.

Todos los días la vida te abre pequeñas ventanas de oportunidades. En última instancia, nuestro destino se define por cómo reaccionamos ante ellas. Si te arredras, tu vida será pequeña. Si, pese a sentir miedo, corres hacia esas oportunidades, tu vida será grande. Incluso con tus hijos tienes solo una pequeña ventana para fomentar su desarrollo y estimular su mayor potencial; y para enseñarles qué es el amor incondicional. Cuando se cierra esta ventana, ya no vuelve a abrirse.

Prometo que si vuelvo a ver a Harvey Keitel me lanzaré a su encuentro. Puede que me tome por un cazador de famosos, pero cuando empecemos a hablar descubrirá la verdad: solo soy un hombre que aprovecha los regalos que le brinda la vida.

18

Te desafío a que lo des todo

Los seres humanos están hechos para los desafíos. Los que nos depara la vida, profesional y personal, tienden a manifestar nuestras grandezas y sacarnos de nuestra complacencia. Los desafíos ensanchan nuestros límites y hacen que no pretendamos controlarlo todo. También nos ayudan a descubrir nuestros mayores dones, nuestras más altas capacidades y nuestro auténtico yo.

Te propongo los siguientes desafíos para los treinta próximos días:

• Te desafío a que seas un soñador en un mundo con demasiada gente que ha renunciado a defender sus sueños.
• Te desafío a que seas la persona más positiva que conozcas, en un mundo donde impera el negativismo, y donde se considera *cool* el cinismo.
• Te desafío a que hagas tres cosas de las que tengas miedo (porque tus miedos son la puerta a una vida mejor), y visites aquellos sitios que te producen temor.

• Te desafío a que hagas ejercicio con frecuencia, sigas una alimentación sana y trates tu cuerpo como un templo.

• Te desafío a que seas una mejor pareja, un padre más cariñoso y un ser humano más noble.

• Te desafío a que cada mañana dediques los sesenta minutos de una «hora santa» a reflexionar sobre lo que quieres que represente tu vida, y a leer algo profundo e inspirador.

• Te desafío a que te entregues a la excelencia en una sociedad en la que son demasiados los que aceptan la mediocridad.

• Te desafío a que seas luz en un planeta donde hay demasiada oscuridad, y a que hagas cada día buenas obras, aunque no se te reconozcan.

Te desafío a que, siempre que tengas elección, te decidas por aquello que convierta este mes en algo extraordinario. Te desafío a que tomes las palabras que te he ofrecido y reflexiones a fondo sobre ellas para que inspiren tus actos. Te desafío a que dediques un momento (el de ahora) a acordarte de quién eres de verdad. Ponte en pie para ser grande.

Citas en las que inspirarte

La más insignificante de las acciones siempre es mejor que la más audaz de las intenciones.

ROBIN SHARMA,
Lecciones sobre la vida del monje que vendió su Ferrari

La libertad es el único objetivo digno de la vida. Se logra haciendo caso omiso de lo que no está en nuestra mano controlar. No podremos tener el corazón liviano si nuestras mentes son un acongojado caldero de miedo...

EPICTETO, Manual de vida

La belleza de un alma se trasluce cuando un hombre sobrelleva sin perder la compostura un grave infortunio tras otro, no porque no los sienta, sino porque es un hombre de gran temple.

ARISTÓTELES

6 maneras de ser mejor madre o padre

1. Organiza una «cita privada» semanal con cada uno de tus hijos para conectar con ellos a un nivel más profundo.

2. Anima cada noche a tus hijos a escribir un diario, a la vez que lo haces tú también.

3. Haz tonterías con tus hijos. Tómate el tiempo de reír, jugar y ser espontáneo.

4. Cuando lleves a tus hijos en coche a las actividades extraescolares, ten conversaciones intensas sobre temas tan importantes como la fortaleza de carácter, ponerse metas en la vida, aspirar a la excelencia y vivir nuestra verdad.

5. Sé con tus hijos un «oyente agresivo»: escucha con atención lo que tengan que decir.

6. Diles con frecuencia a tus hijos lo estupendos que son, y cuánto los quieres.

Preguntas que desarrollar en tu diario

1. ¿Qué me gusta mucho hacer?

2. ¿Cuál ha sido mi mayor influencia?

3. ¿Por qué daría la vida?

4. ¿Qué es para mí lo más importante?

5. ¿Qué me retiene?

Cómo trascender el miedo

Trabajando con personas de todo el mundo he descubierto que la principal razón de que la gente se conforme con tan poco es que tiene muchos miedos. A todos nos asusta algo. Y lo interesante es que en la mayoría de los casos sentimos los mismos temores: el rechazo, el fracaso, no hacer correctamente las cosas, estar solo, perder el control, el éxito... Durante los dos días de descubrimiento y transformación personal del fin de semana que llamo Awakening Best Self (ABS) explico a los participantes un proceso poderoso que los ayudará a desprenderse de los miedos que los han limitado durante la mayor parte de su vida. Una de las cosas que puedes hacer hoy para adentrarte en tus temores y dar más de ti como ser humano es empezar a reconocerlos y a prestarles atención. La mayoría negamos nuestros miedos. Hacemos como si no existieran, y estructuramos nuestra vida entera para no tener que enfrentarnos a ellos. El caso, sin embargo, es que cuando sí lo hacemos no solo crecemos en fuerza personal, sino que nuestros miedos se sienten escuchados. Es importante reconocer tus temores, tomar conciencia de ellos; y aún es más eficaz darles voz. Habla de tus miedos, conversa con personas de confianza sobre los temores que te apartan de la vida que deseas. Una vez validados y reconocidos, los miedos perderán cualquier poder sobre ti.

Otra técnica valiosa para ayudar a trascender los miedos es escribir sobre ellos en tu diario. Todos tenemos un lado luminoso y otro oscuro. Nuestros temores viven en el lado más sombrío. Cuando pones una sombra al sol, esta empieza a disiparse. Algo parecido ocurre cuando te adentras en tu lado más oscuro (que en gran parte es inconsciente) y expones tus miedos a la luz de tu conciencia: en ese momento es cuando empiezan a desaparecer. ¿Te imaginas lo maravilloso que sería el mundo si la mayoría de nosotros tuviéramos la libertad de vivir sin miedo? ¿Te imaginas cuánto amor habría en el mundo si fuésemos felices? ¿Te imaginas lo estupendo que sería el mundo si dejáramos que brillase nuestra luz tal como debería brillar?

19

La eterna búsqueda de la felicidad

Los seres humanos llevan buscando una felicidad duradera desde los albores de la civilización. Los místicos, en sus montañas, cavilaban cómo hallar una dicha constante; los filósofos se han preguntado cómo lograr que una persona viva una existencia plena, independientemente de lo que suceda en el mundo exterior; y los escritores de hoy en día se han prodigado en toda suerte de teorías sobre cómo hallar la satisfacción en un mundo donde nunca había existido tanta incertidumbre y turbulencias como ahora. Yo no soy distinto a ti, claro que no: busco la felicidad en cada día de mi vida.

Y, al igual que tú, tengo días buenos y días malos. Yo creo que el auténtico objetivo por el que hay que luchar es conseguir una paz y una felicidad interiores, independientemente de lo que ocurra en el exterior. Lo que quiero decir con esto es que no podemos controlar la vida, que se despliega según su propia lógica, pero sí puedes controlar la manera de interpretar y procesar lo que sucede en tu entorno y que te afecta directamente. La razón por la que nuestras vidas siguen un curso específico es uno de los mayores misterios de la vida. Ejerces tu auténtico poder como ser humano cuando utilizas todo aquello que te sucede —tanto lo positivo como lo negativo— como una plataforma para fomentar un mayor éxito, así como la felicidad y la paz interior.

La felicidad para los seres humanos procede también de una serie de elementos básicos que sé que ya conoces: vivir tu vida volcándote en ayudar a los demás y manteniendo relaciones de afecto con todos los que te rodean, correr riesgos a diario para que, a medida que vas creciendo, estés más cerca de ser quien debes ser, y dedicarte a dejar un legado, para que tengas algo más que un simple éxito: para que seas alguien relevante.

En lo más hondo de tu ser ya conoces el camino que conduce a la felicidad. Leer libros, oír hablar a sus autores y participar en retiros solo te ayuda a recordar la verdad que ya reside dentro de tu corazón. Como escribió el gran filósofo Khalil Gibran en *El profeta*, un libro de una belleza excepcional, «¿... de qué puedo hablar sino de lo que en este mismo instante se mueve en nuestras almas?». Y muchas veces lo que se halla en lo más profundo de nuestro corazón se revela tan solo a través de la vivencia del silencio. Gracias al trabajo interior que he realizado en mi camino personal me he dado cuenta de que las posibilidades más nobles de la vida se revelan en esos momentos de quietud. Durante los próximos treinta días te invito a buscar tiempo para estar a solas y reflexionar sobre la siguiente gran pregunta: «¿Qué tiene que pasar en el transcurso de mi vida para que me sienta realmente feliz?». Cuando empieces a encontrar algunas respuestas podrás introducir esos cambios tan importantes que modifiquen el rumbo que llevas, y conseguir así una vida mejor.

Citas en las que inspirarte

Esa es la auténtica felicidad en la vida, ser usado para un propósito que reconoces tú mismo como soberano ... ser una fuerza de la naturaleza, en vez de un pequeño, febril y egoísta cúmulo de achaques y rencores que se queja de que el mundo no se dedica a hacerlo feliz.

GEORGE BERNARD SHAW

Aventurarse provoca ansiedad, pero no aventurarse es perderse a uno mismo ... y aventurarse al más alto nivel es justamente tener conciencia de sí mismo.

SOREN KIERKEGAARD

Nuestra propia vida es el instrumento con el que experimentamos con la verdad.

THICH NHAT HANH

Cumples tu destino cuando te pones al servicio de la fuerza que te creó, y tienes el valor de dejar que tu fulgor interno vea la luz del día.

ROBIN SHARMA

Preguntas que desarrollar en tu diario

1. ¿Qué debería suceder desde este momento hasta el final de tu vida para que sientas que esta ha sido un verdadero éxito?

2. Haz una lista de las veinticinco cosas que más feliz te hacen en la vida (y luego vuélcate de nuevo en hacerlas más a menudo para incrementar tus niveles internos de felicidad y plenitud).

3. ¿Qué edad tendrías si no supieras tu edad?

5 maneras de convertirte en un gran estratega del tiempo

1. Levántate a las cinco de la mañana y dedica media hora a planificar el día para que sea lo mejor posible.

2. Sustituye la televisión por actividades de mayor calado.

3. Domina el arte de decir no a cosas que no son importantes, en vez de a intentar contentar a todo el mundo.

4. Tómate el tiempo de escribir en tu diario sobre tus prioridades vitales, para adquirir más claridad y convicción.

5. Repite a lo largo del día esta pregunta: «Ahora mismo, en este instante, ¿cuál es la mejor manera de usar mi tiempo?».

20

Las 5 disciplinas de oro para dirigir tu vida

Durante los próximos noventa días incorpora a tus hábitos cotidianos estas cinco disciplinas. Han tenido un profundo impacto en la calidad de mi vida, y sé que en ti tendrán el mismo efecto.

Las 5 disciplinas de oro son:

1. Úncte al club de las 5.00 h, y levántate temprano para obtener una ventaja psicológica.

2. Dedica un cuarto de hora a la planificación, a la estrategia y a la creación de patrones para el día.

3. Lee textos de reflexión personal durante la primera media hora del día.

4. Haz media hora de ejercicio, porque en el cuerpo sano reside una mente sana.

5. Acaba el día reflexionando sobre tus éxitos (y tus

fracasos), para que el siguiente sea mejor. La idea en que se basa el crecimiento humano es hacer que nos resulte útil el pasado, y asegurarse de que cada día nos acerque un poco más al yo ideal y a la vida con la que soñamos.

Citas en las que inspirarte

> La tragedia de la vida no es la muerte, sino lo que dejamos que muera en nuestro interior mientras vivimos.
>
> NORMAN COUSINS

> En mitad del invierno aprendí por fin que había en mí un verano invencible.
>
> ALBERT CAMUS

> El mayor privilegio del liderazgo es la oportunidad de mejorar vidas.
>
> ROBIN SHARMA

> Si todo el mundo estuviera satisfecho de sí mismo no habría héroes.
>
> MARK TWAIN

Solo cuando sepamos y entendamos de verdad que nuestro tiempo en la Tierra es limitado (y que no tenemos ninguna manera de saber cuándo se nos ha acabado) empezaremos a vivir al máximo cada día, como si no tuviéramos otro.

ELISABETH KÜBLER-ROSS

6 maneras de profundizar en tus conexiones humanas

Si has vivido de primera mano alguno de mis increíbles seminarios presenciales me habrás oído decir: «Cuanto más profundas sean tus relaciones más eficaz será tu liderazgo, porque si la gente no se fía de ti tampoco te seguirá, y antes de que alguien esté dispuesto a echarte una mano tienes que llegarle al corazón». Todo verdadero éxito en los negocios —y en la vida— se resume en relaciones de alta calidad, basadas en la confianza. Comprométete con la excelencia en las relaciones durante los próximos noventa días, y verás cómo alzas el vuelo en el trabajo y en la vida.

Estas son seis de mis mejores lecciones sobre cómo construir relaciones:

1. Acuérdate de decir «por favor» y «gracias». (Los buenos modales crean vínculos entre los corazones humanos.)

2. Manda cada día tres cartas o postales escritas a mano durante el resto de tu vida.

3. Sé el primero en disculparte cuando hayas cometido un error.

4. Compra veinte ejemplares de tu libro favorito y mándaselos a tus seres más queridos.

5. Cumple tus pequeñas promesas y respeta tus pequeños compromisos.

6. Sé un maestro en escuchar (ya que cuando escuchas con atención a alguien estás honrando a esa persona y diciéndole «te valoro»).

21

Grandes momentos

Es tan fácil posponer la excelencia vital... Nos decimos, en voz baja, que ya viajaremos más cuando se vayan los niños a la universidad, o que profundizaremos en las relaciones con nuestros seres queridos cuando hayamos alcanzado un mayor éxito en nuestro trabajo, o que cumpliremos nuestros sueños cuando tengamos más tiempo. Pero tu tiempo es ahora. Este día es tu vida.

Una vida extraordinaria no es más que una serie de minutos fabulosamente bien vividos que se hilvanan como las perlas de un collar. Si haces que todos tus momentos sean excepcionales, tendrás asegurada la grandeza, tanto en el trabajo como en la vida. No dejes tu mejor vida para más tarde. Cuando menos te lo esperes se estará acabando. En serio.

Puede ser tu año. No, te lo diré de otra manera: será tu año. El año en que reveles tu talento. El año en que goces de una salud de primera división. El año en que te enamores locamente de la vida. Convierte en obras de arte todos tus momentos. No dejes de brillar.

Citas en las que inspirarte

En el proceso de crear algo grande y de pisar terreno nuevo es normal que se fracase.

DONNY DEUTSCH, gurú de la publicidad,
en *Often Wrong, Never in Doubt*

Me niego a pertenecer a un club que acepte como socio a alguien como yo.

GROUCHO MARX

Quien intenta hacerlo todo no consigue nada. Antes de ser grande hay que centrarse.

ROBIN SHARMA

Por qué planificar

La planificación personal y establecer unos objetivos no son temas que resulten muy atrayentes, pero su importancia es capital, y sin ellas no puede existir una experiencia extraordinaria de la vida. Lo he observado muchas veces entre los mejores: dedican mucho tiempo a articular una visión clara y detallada de cómo serán los ámbitos claves de su vida, y luego elaboran un plan por escrito que dividen en objetivos secuenciados, a fin de que esa visión que tienen de su vida ideal no resulte tan abrumadora, y para que la imagen general quede fraccionada en pasos abarcables y pueda así impulsar la acción cotidiana. Personalmente, el hecho de planificar me ha beneficiado sobre todo en mi manera de pensar. Digámoslo así: hay pocas cosas que enfoquen tanto la actividad mental como elaborar planes por escrito y secuenciarlos después en objetivos. Al hacerlo, nos volvemos más conscientes de las prioridades. Y con más conciencia tomarás mejores decisiones. Y si tomas mejores decisiones tendrás la garantía de obtener mejores resultados. Hazte hoy un regalo: coge una hoja, afila un lápiz y empieza a escribir sobre la vida que deseas crear. Es mucho más fácil de lo que parece.

La excelencia frente a la perfección

Las mejores empresas de software no esperan a que su programa sea perfecto para su lanzamiento mundial. Se cercioran, claro está, de que funcione, pero saben que no es perfecto. Seguro que tendrá unos cuantos fallos. Aun así, su lógica es que vale más sacarlo al mercado que desaprovechar las circunstancias favorables. Hay demasiadas personas que por esperar la ocasión perfecta no aprovechan las vías de acceso que se abren a los sueños. Es increíble lo deprisa que pasan los años. En un abrir y cerrar de ojos te habrás hecho viejo. Cumple ahora tus objetivos más deseados. Sé excelente. Olvídate de la perfección. Y no esperes. Te lo pido por favor.

22

Cerrando la brecha

Más evolucionados que los propios adultos, los niños nos enseñan lecciones indispensables. Hoy en día aprendemos más que nunca de ellos. No hay en el planeta personas más imaginativas, inocentes, apasionadas, lúdicas e intrépidas que ellos. Ni más divertidas. La semana pasada me preguntó mi hija Bianca, de siete años: «Papá, ¿cuándo podrás llevarme a Hamsterdam?».

Si has estado en alguno de nuestros fines de semana Awakening Best Self (ABS), o en nuestros dos días de coaching para el liderazgo de The Elite Performers Series, ya conocerás la «brecha de integridad». Se trata a grandes rasgos de un modelo mental que ayuda a entender en profundidad el viaje de la vida, y cómo estar en máxima sintonía con nuestro mejor yo para experimentar la plenitud a la que estamos todos destinados. Llegamos perfectos al mundo, llenos de amor, potencial, fe en nosotros mismos y talento, pero desde el momento en que nacemos empezamos a apartarnos de nuestra auténtica naturaleza y a adoptar las creencias erróneas, las premisas limitadoras y los miedos propios del mundo que nos rodea. Un día nos despertamos siendo adultos, y nos damos cuenta de que nos hemos traicionado y de que no tenemos la menor idea de cuál es nuestro verdadero yo. Es el momento en que, queriendo recordar a la persona que fuimos, nos embarcamos en nuestro viaje de búsqueda espiritual. En muchos aspectos el trabajo de un líder consiste en ver el mundo desde una perspectiva más infantil.

Desde hace un tiempo, al viajar por todo el mundo como conferenciante, coach ejecutivo y asesor de diversas organizaciones, oigo muy a menudo la palabra «autenticidad». La mayoría de nosotros reconocemos que existe una vocación en nuestra vida, y que todos tenemos una misión que está destinada a hacerse realidad mediante nuestro trabajo y la existencia que llevamos. En el mundo de la empresa se está produciendo una intensa búsqueda del sentido de la vida. La gente ya no está dispuesta a sacrificar la plenitud en aras de los beneficios económicos. Queremos ir cada día al trabajo sabiendo que crecemos y evolucionamos como seres humanos. Queremos ir cada día al trabajo y divertirnos, a la vez que nos sentimos conectados con quienes nos rodean. Y tal vez lo que más deseamos encontrar son espacios de trabajo donde no se nos castigue por comportarnos como seres humanos.

Te invito a que en los próximos treinta días hagas todo lo necesario para cerrar las brechas de integridad que haya en tu vida y mostrarte tal como eres. Los líderes siempre son fieles a sí mismos. Los gigantes que nos han precedido en el planeta (los Gandhi, los Mandela, las madres Teresa) no siguieron a la multitud, sino que se movieron al compás de su propio tambor. Eran personas originales, que ajustaron su vida a sus propios valores, no a los del mundo que los rodeaba. Y así se hicieron grandes.

Citas en las que inspirarte

Hoy en día construir empresas que obtengan grandes ganancias en el mercado, creen valor para sus clientes y accionistas y funcionen de modo que sus empleados y sus directivos den lo mejor de sí mismos no es solo una gestión inteligente, sino una obligación de liderazgo.

EDITORIAL DE *FAST COMPANY*

El caso es que aún vivimos en un mundo lleno de oportunidades. De hecho, tenemos más que una oportunidad: tenemos una obligación. La obligación de dedicar el tiempo a grandes cosas. De encontrar ideas importantes y de compartirlas. De empujarnos a nosotros y a quienes nos rodean, de manifestar gratitud, perspicacia e inspiración. De correr riesgos y mejorar el mundo siendo extraordinarios.

SETH GODIN, autor de *La vaca púrpura*

Todos tenemos muchas más opciones en cuanto a qué hacer con nuestras vidas de lo que nos imaginamos en este momento. La mayoría no somos conscientes de las posibilidades que existen delante de nuestros ojos. Hay muchos que duermen al volante de su propia vida, entre insensibles y vacíos. No es ninguna banalidad, sino una verdad fundamental. Estás destinado a la grandeza. Aunque tu grandeza se manifieste de manera distinta a la de otro, no significa que no estés hecho para ser grande. Deja que brille tu luz. Ve al encuentro de tus miedos. Haz lo que más temas. Vive plenamente.

ROBIN SHARMA

Éxito e importancia: el doble ideal

Es bonita la palabra «excelencia». Todas las personas que se identifican con su vida más alta son auténticos devotos de la excelencia. Se vuelcan en ella en su vida profesional, y también en sus relaciones personales. Se entregan a la excelencia en sus aventuras vitales y en su vida interior. Los seres humanos tienen la necesidad de no dejar nunca de aspirar a algo mejor. Cuando nos hallamos dentro de la zona de confort no encontramos una felicidad duradera, porque no vivimos como deberíamos. Cuando, por el contrario, evolucionamos, nos arriesgamos, crecemos y soñamos sin descanso, ampliando nuestras fronteras personales, encontramos la

felicidad en el proceso; y eso es porque somos fieles a nosotros mismos.

No dejes ni un momento de aspirar a la excelencia durante los próximos treinta días. Sube el listón en el trabajo.
Pregúntate: «¿Qué haría cada día si fuera excelente de verdad, el mejor del mundo en lo que hago?». En casa, sé excelente en tu manera de comunicarte con tu pareja y tus hijos. En tu vida espiritual, reflexiona sobre si te vuelcas en
llegar a tu yo más elevado. La búsqueda de la excelencia es
una noble vocación. Si se te han otorgado dones es para que
brillen, y que el mundo, de paso, sea mejor.

23

Gratitud

En este momento, uno de los aspectos de mi vida en los que trabajo es en intensificar mi conexión con un estado de gratitud y reverencia hacia todo lo que me rodea. Me centro más que nunca, de manera consciente, en los regalos de mi vida (sobre todo en los más simples), y doy gracias por tenerlos. También expreso gratitud por los desafíos a los que hago frente, y por las adversidades con las que he tropezado, consciente de que su principal función era enseñarme las lecciones que más necesitaba aprender. Quiero aprovechar la ocasión para darte las gracias por formar parte de nuestra comunidad de misioneros del cambio y líderes entregados. Te estoy agradecido por el apoyo que das a mi labor, por tu fe en mi mensaje y por tu disposición a tomar en cuenta las ideas que estoy exponiendo. Me siento privilegiado por hacer lo que hago, y te lo agradezco sinceramente.

Citas en las que inspirarte

Solo cuando olvidamos todo nuestro aprendizaje empezamos a saber.

HENRY DAVID THOREAU

Dentro de ti hay una mecha que espera convertirse en la luz de tu alma. Cuando brille con fuerza esta llama interior, sentirás en tu vida un majestuoso despertar.

BRADFORD KEENEY

La humanidad no ha conquistado nunca la grandeza si no es a través del sufrimiento.

F. ROBERT DE LAMENNAIS

7 maneras de pensar, sentir y actuar como las personas de rendimiento máximo

1. Cumple tus promesas y atente a tu palabra.

2. Que nunca te falte tiempo durante la semana para el silencio, la quietud y la reflexión.

3. Conecta con una causa que te estimule a nivel emocional.

4. Créate una red de mentores, modelos y defensores.

5. Consigue el equilibrio entre la agudeza mental y un corazón abierto.

6. Da a los demás lo que desearías recibir de la vida.

7. Levántate con el sol, y haz una previsión del día que se componga de tus decisiones más elevadas y de tus mejores acciones.

Preguntas que desarrollar en tu diario

La pregunta correcta trae consigo la respuesta correcta. A mí, la vida me ha enseñado que a menudo es más útil dedicar el tiempo a meditar sobre una pregunta de gran fuerza que en buscar una respuesta concreta. Hacer preguntas creativas es una de las mejores maneras de profundizar en nuestro ser y de abrir la puerta a quienes somos de verdad. Te invito a practicar estas cinco preguntas durante los próximos treinta días:

1. Si vivieras una vida extraordinaria, ¿cómo sería?

2. ¿Cuáles son las tres principales prioridades de tu vida, y en qué medida las refleja tu existencia actual?

3. Si te quedaran diez minutos de vida, ¿qué pensamientos te pasarían por la cabeza y qué emociones experimentarías?

4. Si esta noche pudieras cenar con cualquier persona del mundo, ¿quién sería, y por qué?

5. Si tuvieses que buscar un símbolo que reflejase y resumiese tu vida ideal, ¿cuál sería?

24

Entregarse a la excelencia

Hay pocas maneras de traicionarse a sí mismo como negar lo que uno es de verdad. La grandeza como ser humano es un derecho inalienable. Vivir una vida que refleje sentido de la audacia, de la pasión, de la maestría y de la compasión es algo inherente a cualquier persona. Si no lo aceptas como algo propio de ti y sigues llevando una vida mediocre, faltas a tu yo más elevado, y a la persona que estabas destinada a ser.

«Todo el mundo está facultado para la grandeza; no para la fama, sino para la grandeza», señaló Martin Luther King Jr. Gran parte del malestar y de la decepción que muchos sentimos en nuestro fuero interno se debe a que en el fondo una parte de nosotros sabe que no estamos viviendo a nuestra máxima capacidad. Uno de los modelos mentales básicos que les enseño a mis clientes de coaching ejecutivo, y que imparto en nuestros fines de semana Awakening Best Self, es el de la «brecha de integridad». Podría resumirse así: cuanto mayor sea la brecha entre la persona que estás destinado a ser y la que muestras ahora al mundo peor funcionará tu vida.

Si quieres liberar enormes cantidades de energía y creatividad y aumentar tu potencial al máximo es imprescindible que tomes a diario las medidas necesarias para cerrar la brecha de integridad; de ese modo serás fiel a ti mismo. Pero deberás esforzarte en ello si deseas convertirte en alguien mucho más auténtico en el ámbito profesional, personal y espiritual.

Te invito a poner en práctica un ejercicio muy potente: en algún momento del día, antes de acostarte, coge un papel y anota cinco propósitos para tu vida profesional. Deben ser cinco cosas con las que te identificarás pase lo que pase en el trabajo. «Integridad absoluta», por ejemplo, o «innovación constante», o «ser la persona más amable que conozca», o «vivir cada día como si fuera el último». A continuación redacta otros cinco propósitos para tu vida personal, como «pase lo que pase haré media hora de ejercicio físico al día», o «cada día, por muy ocupado que esté, pasaré tiempo de calidad con mi pareja y mis hijos», o «me levantaré cada día a las cinco para disponer de un momento de reflexión silenciosa, a fin de poder vivir la vida según mis propios criterios». Este tipo de compromisos cambiarán el rumbo de tu destino. «Puedes transformar el hoy de un solo golpe audaz», escribió Marilyn Gray.

Citas en las que inspirarte

El pensamiento sumado con audacia a la determinación se convierte en fuerza creativa; los que lo saben están preparados para convertirse en algo más elevado y más fuerte que simples manojos de ideas vacilantes y sensaciones fluctuantes.

JAMES ALLEN, *Como un hombre piensa*

Que no haya de volver jamás es lo que hace tan amable la vida.

EMILY DICKINSON

Todo lo puedes conseguir si lo deseas con bastante desesperación. Tienes que desearlo con una exuberancia que haga entrar la piel en erupción, y que se una a la energía que ha creado el mundo.

SHEILA GRAHAM

Hace falta mucha valentía para el liderazgo. Es duro desmarcarse de la atracción gravitacional de la multitud que nos rodea. Es duro tomar el camino menos transitado, cuando todos te urgen a que seas como los demás. Es duro crearte tu vida en tus propios términos cuando te dicen los demás cómo debería crearse. Nada, sin embargo, llenará tu corazón de tanto arrepentimiento como saber en tu lecho de muerte que no has vivido tu vida ni has cumplido tus sueños.

ROBIN SHARMA

6 maneras de despertar tu mejor yo

1. Escribe en tu diario una declaración de un párrafo en la que expongas claramente cómo sería tu vida si realizaras tus sueños más elevados.

2. Ponte como norma decir siempre la verdad, y nada más que la verdad, en cualquier situación.

3. Niégate a renunciar a tus sueños. En muchos de nuestros seminarios y coachings intensivos, cuando les pregunto a los participantes de qué se arrepienten más, contestan: «Después de tantos años aún no he realizado mis sueños». No dejes que eso te pase a ti.

4. Busca en tu interior y descubre tus miedos, y cuando sepas cuáles son enfréntate a ellos cada día en vez de huir. Tus miedos son la puerta a tu mejor yo. Cada vez que se cruce un miedo en la senda de tu vida, debes ser consciente de que se trata de una oportunidad enorme para acordarte mejor de quién estás destinado a ser, y para recuperar un poco más tu auténtico poder como ser humano.

5. Celebra los pequeños placeres de la vida. Al final de nuestra existencia nos daremos cuenta de que en realidad los placeres pequeños son los más grandes.

6. Conviértete en la persona más afectuosa que conozcas, no solo en casa, sino también en el trabajo. Por lo general, las personas en cuyo entierro no queda ni un asiento libre, sea en la iglesia, en el templo, en la mezquita o en la sinagoga, no son las que tenían más dinero en sus cuentas bancarias, sino más amor en su corazón.

25

Reinvéntate

Hace unos años, durante un viaje en avión, coincidí con un ascsor en liderazgo con el que estuve conversando. Poco antes de que nos separásemos le hice una pregunta: «¿A qué se debe tu éxito y el de la organización que diriges?». Nunca olvidaré la respuesta: «Robin —dijo—, ni a mi compañía ni a mí nos da miedo reinventarnos constantemente». Me explicó que se reinventaba cada pocos años. Corría un riesgo, y después probaba algo totalmente nuevo respecto a su manera de pensar, trabajar y vivir. Me dijo que así se aseguraba de que todos los aspectos de su vida siguieran siendo emocionantes, satisfactorios y frescos. También me comentó que esta actitud, esta costumbre, le granjeaba el interés de sus clientes, porque él siempre les proponía ideas de lo más vanguardistas.

¿Qué estás haciendo tú para reinventarte? ¿Qué haces para ensanchar tus fronteras personales y vivir una vida más grande? ¿Cuestionas tu manera habitual de hacer las cosas a fin de aumentar tu potencial como ser humano? ¿Qué harás para soñar, para ser más atrevido, para brillar?

Citas en las que inspirarte

Alimenta tu mente con grandes ideas, porque nunca llegarás más alto de como pienses.

BENJAMIN DISRAELI

El precio de la grandeza es la responsabilidad.

WINSTON CHURCHILL

Que no haya de volver jamás es lo que hace tan amable la vida.

EMILY DICKINSON

Todos podemos mejorar el mundo; cada uno de nosotros es un líder pero también un ser humano. Sal hoy al mundo e invierte más humanidad, potencial y grandeza en todo lo que hagas... y en todas tus relaciones. La felicidad constante no procede de lo que recibimos, sino de lo que damos.

El precio del liderazgo

La diferencia entre los mejores y la gente corriente es que los verdaderos líderes hacen sistemáticamente lo correcto en lugar de optar por lo fácil. El auténtico éxito entraña mucho trabajo y disciplina personal. Si quieres acceder a una vida mejor, profesional y personalmente, es imprescindible que estés dispuesto a pagar el precio por ello. Aquí tienes cuatro ideas sencillas que te ayudarán a conseguir resultados espectaculares:

1. Sube el listón. Dedícate de lleno a ser de primera división en todo lo que hagas. Exige siempre lo mejor de ti mismo. Nuestras expectativas crean nuestra realidad.

2. Sé la persona más positiva que conozcas. Tu pasión es contagiosa. No es fácil ser positivo cuando las cosas se ponen feas, pero forma parte del verdadero liderazgo.

3. Recuerda que tu salud es tu riqueza. Sin energía nunca podrás hacer realidad tus sueños ni vivir tu mejor vida. Haz ejercicio. Come bien. Y recuerda que tu salud es tu bien más preciado.

4. Sé generoso con tu entorno. La necesidad más profunda del corazón humano es vivir por algo más importante que uno mismo. Da lo mejor de ti a la gente, así como a tu organización. Y no lo hagas únicamente por los demás, sino hazlo por ti.

Preguntas que desarrollar en tu diario

1. ¿En qué aspectos de tu vida quieres crecer?

2. Si te pidieran que te describieses en un párrafo, ¿qué pondrías?

3. ¿Quién eres?

4. Si pudieras cenar con cinco personas extraordinarias, ¿quiénes serían, y por qué?

5. ¿Cuáles son tus mayores frustaciones y qué podrías hacer para que desaparezcan?

26

¿Eres bueno?

Últimamente pienso a menudo en los fundamentos de la excelencia. He reflexionado sobre algunos de los atributos más sencillos que diferencian del resto de la humanidad a aquellos hombres y mujeres más eminentes que forman parte de nuestra historia. Vivimos en una época en que lo que seduce es la complejidad, y buscamos estrategias y tácticas sofisticadas que nos ayuden a tener más éxito en el trabajo y en la vida, pero en el fondo sabemos que el verdadero éxito es un proceso sencillo. Tenemos que destacar en lo que hagamos, sí. Nuestros productos y servicios tienen que ser de primerísima calidad, sí. Tenemos que formar un equipo de alto rendimiento, sí. Tenemos que crear una estructura ejecutiva que lleve a cabo todo aquello que es importante para la empresa, sí. Pero, en mi opinión, para aspirar a la auténtica grandeza hay que ser buenas personas.

A la gente le encanta hacer negocios con buenas personas. Sin embargo, en esta época de ambigüedad y de cambios incesantes hay muchos que toman «atajos éticos». Hay demasiadas personas convencidas de que medrarán siendo deshonestas, o que se han olvidado de lo importante que es usar palabras como «por favor» y «gracias». Hay demasiada gente que cree que en el ámbito profesional actual ser amable es exponerse a que se te coman vivo. Sin embargo, ser ético y compasivo, volcarte en aportar cantidades ingentes de valor a quienes te rodean, probablemente sea la mejor garantía de éxito. En palabras de Robert Louis Stevenson: «Tarde o temprano todo el mundo se sienta a un banquete de consecuencias».

Aquí tienes algunas ideas sencillas que te ayudarán a seguir incrementando tu «cociente de bondad»:

- Sé la persona más educada que conozcas.
- Sé de una honradez irreprochable.
- Comprométete al máximo para ser el mejor de los oyentes.
- Manda a menudo notas de agradecimiento escritas a mano.
- Busca ocasiones para realizar actos gratuitos de bondad.
- Dedícate de lleno a ser la persona más positiva y apasionada que conozcas.
- Sé siempre puntual.

El éxito y el liderazgo, a la postre, se resumen en una serie de fundamentos muy simples que las personas de rendimiento extraordinario practican a diario. Los últimos libros publicados sobre el mundo de los negocios ofrecen ideas sofisticadas y propuestas vanguardistas, pero si quieres ser grande de verdad cíñete a los principios básicos que en tu fuero interno sabes que son lo más importante: sé amable, sé excelente, sé apasionado, y por encima de todo sé buena persona.

Citas en las que inspirarte

Harás más amigos en dos meses interesándote por los demás que en dos años intentando que se interesen los demás por ti.

DALE CARNEGIE

Cada hombre solo tiene una vocación genuina: encontrar el camino a sí mismo ... su tarea era descubrir su propio destino, no uno arbitrario, y vivirlo totalmente con resolución dentro de sí mismo. Todo lo demás es una existencia hipotética, un intento de evasión, una huida hacia los ideales de las masas, conformidad y miedo al propio interior.

HERMANN HESSE, *DEMIAN*

Practica pequeños actos cotidianos de grandeza. Una vida extraordinaria no es más que una serie de días bien vividos que se hilvanan como las perlas de un collar. Despierta cada día y vuélcate en ser excelente, innovador y bueno durante las próximas horas. Esta estrategia, de por sí, ya te asegurará el verdadero éxito.

ROBIN SHARMA

7 maneras de aumentar tu energía

1. Haz media hora de ejercicio cuatro veces por semana.

2. Rodéate semanalmente de naturaleza.

3. No comas nada a partir de las ocho de la tarde.

4. Recibe cada semana un masaje.

5. Sigue una alimentación enfocada al rendimiento máximo, que excluirá por completo la comida basura.

6. Por la mañana, tan pronto te levantes, lee algo que te inspire durante media hora (te dará energías).

7. Bebe mucha agua.

Preguntas que desarrollar en tu diario

1. Si pudieras tener cinco amigos famosos, ¿quiénes serían?

2. ¿A quién admiras más en tu vida, y por qué?

3. ¿Cómo es la excelencia en tu vida?

4. ¿Qué tres cosas podrías hacer para ser más afectuoso?

5. Cita cinco consecuencias que podría acarrearte no estar en buena forma física.

¿Estás comprometido de por vida con el aprendizaje?

Durante mi juventud, mi padre me animaba a leer cada día. Consideraba que leer un libro era como conversar con el autor; y, como toda buena conversación, hacía que vieras el mundo con otros ojos. La educación que recibí de mi padre fomentó en mí un amor muy arraigado por la lectura y una gran avidez de conocimientos. No soy perfecto, claro está, pero una de las cosas que hago bien en la vida es mantener viva la curiosidad y no cerrarme nunca a nuevas ideas.

¿Cuánto tiempo pasas tú leyendo? En el mundo actual hay demasiada gente que dedica más horas a la televisión que a alimentar su intelecto. Y sin embargo vivimos en un mundo donde la materia prima del éxito son las ideas. Las personas que gozan de más éxito y plenitud son las que tienen las mejores ideas. Nuestros actos dependen de aquello que sabemos, y cuanto mayores sean nuestros conocimientos mejor podremos elegir.

27

Construye un gran día

En mis seminarios de liderazgo empresarial, enseño que «una vida estupenda no es más que una serie de días bien vividos que se hilvanan como las perlas de un collar. Si te centras en construir días estupendos, seguro que el resultado será una vida estupenda». Aquí tienes seis maneras de asegurarte de que todos los días sean maravillosos:

1. Empieza el día poniendo por escrito diez cosas que debas agradecer en tu vida.

2. Reserva media hora para leer textos de reflexión personal para recuperar la perspectiva y hallar la inspiración.

3. Dedica treinta minutos a planificar el día, creando un patrón que puedas seguir durante las siguientes horas. Ponte también tres pequeños objetivos que cumplas «pase lo que pase» durante el día de hoy.

4. Desayuna lo mismo que un atleta que estuviera entrenándose para la competición de su vida, y bebe mucha agua para obtener un máximo rendimiento.

5. Al final del día escribe en tu diario cómo ha transcurrido la jornada y reflexiona sobre ello. Evalúa tus actos e intenta determinar los ámbitos en los que debes mejorar.

6. Acaba el día en un tono positivo pensando en las «pequeñas victorias» de la jornada (como las promesas que has cumplido, el ejercicio físico con el que has disfrutado, una nueva relación que has hecho, una lección que has aprendido, una idea que has tenido...).

Citas en las que inspirarte

Deberíamos tener la precaución de sacar de las experiencias solo las enseñanzas que contengan, sin ir más lejos, porque podría pasarnos como al gato que se sienta sobre la tapa caliente de una estufa. Nunca más se sentará sobre ninguna otra tapa caliente de estufa, y bien está que así sea, pero tampoco se sentará nunca más sobre una fría.

MARK TWAIN

Breve es la vida. No olvides lo más importante que hay en ella, como es vivir para el prójimo y obrar bien por él.

MARCO AURELIO

Lo más irónico del liderazgo es que cuanto más des más recibirás. Y cuando ya se haya dicho y hecho todo, el regalo mayor y más duradero que podrás hacer es lo que dejes detrás. Tu legado a las generaciones siguientes será el valor que hayas añadido a tu empresa y a las vidas que hayas mejorado.

ROBIN SHARMA,
*Las 8 claves del liderazgo del monje
que vendió su Ferrari*

5 maneras de ser un líder en casa

1. Organiza y después convierte en un ritual (es decir, institucionaliza) una comida en familia. Haz que cada comensal diga por turnos qué ha aprendido a lo largo del día y qué podría hacer al día siguiente para mejorarlo aún más.

2. Sé tú el modelo a seguir. En el fondo el liderazgo no se puede enseñar, solo ejemplificar. De cara a tu familia, sé un ejemplo luminoso del ideal que esperas de los demás.

3. Crea una cultura del aprendizaje. En mi trabajo con empresas enseño a los empleados cómo pueden contribuir a la creación de una cultura del aprendizaje, para que todo se rija por la innovación y las ideas. En tu casa fomenta una cultura que aliente el aprendizaje y el compartir el conocimiento. Puede consistir, por ejemplo, en llevar a casa un libro espiritual o de reflexión personal y comentarlo un domingo por la tarde, o simplemente en apagar la tele y embarcar a tu familia en un diálogo profundo a corazón abierto.

4. Conecta corazones. La conexión humana de mayor riqueza se logra cuando conectamos con el corazón de otra persona. Así, vemos el mundo a través de sus ojos, y nos preocupamos por sus necesidades. Decidimos estar a su lado en los buenos y malos momentos. Sabemos escuchar con atención y aplaudir sus progresos. Le damos amor de verdad.

5. Sé una luz. Lo que más necesitamos en este planeta son personas que sean luces: hombres y mujeres conscientes de que cualquier ser humano puede influir positivamente en el mundo y elevar las vidas de los demás mediante su capacidad de liderazgo. Dedícate de lleno a alcanzar lo mejor de ti mismo, elevando constantemente el listón y viviendo de una manera que te trascienda. Conseguirás así que el mundo mejore.

Las ventajas de llevar un diario

Una de las disciplinas más importantes que practico para rendir siempre al máximo es la de escribir un diario. Empecé hace diez años, y solo me arrepiento de no haberlo hecho antes. Mi propósito es conseguir que vivas lo mejor que puedas y te impliques en el proceso de experimentarlo todo intensamente. Escribir cada pocos días en un diario te ayudará a lograrlo. Estos son algunos de los beneficios que me reporta a mí esta práctica:

1. Plasmar. En las páginas de mi diario (una libreta de espiral, a cinco dólares) plasmo grandes ideas sobre las que reflexionar y que luego incorporaré a mi vida. Si estoy leyendo el periódico y veo una observación interesante, recorto la cita y la pego en mi diario. Después escribo debajo lo que se me ocurre. (Viajo mucho en avión, y siempre llevo en el maletín mi diario, unas tijeras y una barra de pegamento.) Si en una revista sale una foto de alguno de mis héroes, o una imagen relacionada con alguno de mis objetivos, hago lo mismo: la recorto y la pego. Así me siento lleno de esperanza y alimento mis sueños.

2. Consolidar. He constatado que como estudioso serio del proceso vital solamente conecto de verdad con algo si lo anoto. Me explico: si asisto a un seminario o leo un libro muy bueno, siento que al poner por escrito lo que he aprendido profundizo más en las enseñanzas. Se integran mucho más en mí, y las recuerdo con mucha más claridad.

3. Liberación. Si el día ha sido duro, saco mi diario y «descargo» mis frustraciones y expreso sobre el papel mis experiencias. Al hacerlo, me disminuye el estrés, y me siento como si me hubiera desahogado hablando con mi mejor amigo.

4. Alivio. Como escribí en mi libro *Las 8 claves del liderazgo del monje que vendió su Ferrari*, «la reflexión es la madre de la sabiduría». En el mundo en que vivimos la gente ya no busca tiempo cada semana para pensar sin más; pero si no reflexionas en profundidad sobre el rumbo que imprimes a tu vida y no introduces cambios decisivos, estás condenado a que se repitan una y otra vez los mismos errores. En cuanto a mí, el diario me ofrece un espacio para conversar conmigo mismo y practicar la introspección personal. De ese modo saco provecho a mi pasado, y los días se construyen los unos sobre los otros.

28

¿Qué características deben mostrar las personas de rendimiento extraordinario?

Nuestro programa de dos días de coaching para empresas, The Elite Performers Series, ha cosechado un éxito increíble entre nuestra clientela, compuesta por bancos de primerísimo nivel, una de las mayores empresas de software del mundo y varias organizaciones del sector industrial. El programa, basado en nuestro proceso exclusivo de Liderazgo Centrado en la Emoción, hace que los empleados piensen, sientan y actúen como personas de rendimiento extraordinario y auténticos líderes. En esta época de cambios atropellados es muy fácil que los empleados se olviden de lo que es realmente importante. Rodeados de tantas distracciones, nos olvidamos fácilmente de darlo todo y dejar que salgan a relucir nuestras auténticas capacidades. Desbordados como estamos en una época marcada por un ritmo de vida vertiginoso, la tecnología y la incertidumbre, es muy fácil olvidarse de la importancia del rendimiento extraordinario y del imperativo al que estamos todos sujetos: desarrollar al máximo nuestro potencial como personas.

Vivir y trabajar siguiendo los criterios de la excelencia en el rendimiento hace que nos sintamos a gusto con nosotros mismos. Todos llevamos un testigo en nuestro interior. Quiero decir con ello que en lo más profundo de nuestro ser todos tenemos un espacio de conocimiento que observa cómo vivimos y cómo nos desenvolvemos en la vida. Cuando nos ceñimos a nuestros auténticos valores, trabajamos con ahínco, tratamos bien a los demás y aportamos valor mediante nuestro trabajo, este testigo ve que estamos siendo fieles a nuestra naturaleza original. Entonces aumenta el respeto que sentimos por nosotros mismos, y esto repercute indiscutiblemente en nuestra calidad de vida. Empezamos a sentirnos más satisfechos de nosotros mismos. Se libera energía y nos ajustamos más a quienes somos de verdad. Comprometerte con un rendimiento máximo en todos los ámbitos de tu vida no hace más complicada tu existencia, sino todo lo contrario: aumenta la calidad de tu vida y te la simplifica. En nuestro fuero interno, además, sentimos un deseo muy humano de traducir en actos nuestras mayores facultades y convertirnos en quienes estamos destinados a ser. Pocos, por desgracia, aceptamos esta vocación. Vivimos una vida trivial, y caemos en la trampa de creer que la grandeza está reservada a unos pocos elegidos. Una de mis convicciones más profundas es que en este planeta todos forman parte de la tribu de los «pocos elegidos». Todos llevamos en nuestro interior un brillo que, si accediésemos a él, nos dejaría estupefactos. Como escribió Frederick Faust, «dentro de cada persona hay un gigante dormido. Cuando se despierta el gigante pasan cosas milagrosas».

Cuando llegue el verano, te invito a buscar tiempo para ser más reflexivo. Presta una atención constante a cómo vives y a qué niveles rindes. Hazte preguntas como: «¿Estoy desarrollando todo mi potencial?», «¿Estoy resistiéndome a la grandeza personal?», «¿Lo que hago en mis días crea un rico legado?». Puedes, por ejemplo, optar por dedicar más tiempo a la naturaleza, o entablar conversaciones más profundas sobre el significado de la excelencia en el rendimiento y el valor que aportará a tu vida. Si algo sé es que el mundo necesita más líderes. Necesita a gente que se entregue a fondo y viva del mejor modo posible. Necesita a personas que sean luces, y a individuos que crean en el brillo que están destinados a reflejar todos los seres humanos. Abre el corazón al rendimiento extraordinario y adopta sin reservas los compromisos que te permitirán acceder a la siguiente dimensión de tu negocio y de tu vida personal. Será un noble gesto por tu parte.

Citas en las que inspirarte

Breve es la vida. No olvides lo más importante que hay en ella, como es vivir para el prójimo y obrar bien por él.

MARCO AURELIO

No te arrepientas del pasado. ¿De qué vale arrepentirse? Dice la mentira que deberías hacerlo. Dice la verdad que deberías estar lleno de amor. Aparta de ti cualquier recuerdo triste. No hables del pasado. Vive en la luz del amor y todo se te dará.

PROVERBIO PERSA

Solo cuando olvidamos todo nuestro aprendizaje empezamos a saber.

HENRY DAVID THOREAU

El deber del líder no es mejorarse, sino recordarse. Ya eres todo lo que has soñado ser. Haciendo el trabajo interior necesario para conocerte, accederás a tu auténtico poder y recuperarás tu verdadero yo. En eso consiste el despertar personal. Esa es la esencia de la vida. Ese es el secreto del éxito. Eso es lo que hacen los verdaderos líderes.

ROBIN SHARMA

3 preguntas que desarrollar en tu diario

1. Si tu vida pudiera resumirse en una sola palabra, ¿cuál sería, y por qué?

2. ¿Cuál ha sido el momento más determinante de tu vida, y en qué medida sirvió para conformarte, cincelarte y estimular tu desarrollo personal?

3. ¿A qué te resistes más en este momento de tu vida?

La belleza del miedo

¿Visitas a diario los lugares que te asustan? ¿Te enfrentas a tus miedos en vez de huir de ellos? Todos los líderes entienden que más allá de sus temores reside su fortuna. Si te resistes a ellos persistirán, pero si los asumes y corres directamente a su encuentro crecerás como ser humano. En realidad tus miedos representan oportunidades para conocerte a un nivel más profundo, por lo que son esenciales para potenciar tu crecimiento. Cuando conoces tus miedos, entonces sabes qué debes hacer para recuperar tu auténtico poder. Si, por ejemplo, temes ser vulnerable y no afrontas esta debilidad, ese miedo siempre condicionará tu vida. Si, por el contrario, tienes la valentía de enfrentarte a él y de adentrarte en su interior (y luego atravesarlo) habrás dado un paso de gigante hacia esa persona que realmente eres. Habrás trascendido un miedo, y al hacerlo te habrás vuelto más poderoso como persona y como líder. Recuerda que los miedos son señales que te indican las oportunidades de crecer en poder y en autenticidad. Visítalos diariamente, y conócelos. No asustan tanto como podrías pensar.

29

Conciencia envolvente

Una de las principales formas para cambiar nuestras vidas y mostrarnos plenamente como líderes es rodear de conciencia aquellas cosas que importan de verdad. Cuanto más consciente seas de tus prioridades y deseos, y de los ámbitos que debes mejorar, más cambios positivos se producirán en tu vida. Las creencias que te limitan, las premisas erróneas y los hábitos negativos empiezan a perder su influjo sobre ti cuando los expones a la luz de la conciencia. Aquí tienes cinco preguntas que te servirán para crear una conciencia envolvente durante el próximo mes:

1. ¿Cómo sería mi vida si viviera usando todo mi potencial?

2. ¿Cuáles son las tres personas que si llegara a conocer de verdad podrían ayudarme a llevar mi vida al siguiente nivel?

3. ¿Qué tres libros podría leer para que me inspirasen a crear una vida más hermosa?

4. ¿Qué podría hacer cada semana para elevar mi vida a su más alto nivel?

5. ¿Cuál es el factor que más me limita y que me impide vivir la vida que desea mi corazón?

Citas en las que inspirarte

La responsabilidad es la oportunidad de vivir por elección, no de manera accidental. La responsabilidad es la oportunidad de labrarse el futuro, en vez de quedarse sentado, dejando que suceda. La responsabilidad, mantenida como la palabra, es la base desde la que se crea de forma continua la transformación de uno mismo.

WERNER ERHARD

Ignoro cuál será mi destino, pero algo sé: que los únicos que de verdad seréis felices sois los que hayáis buscado y encontrado cómo servir.

ALBERT SCHWEITZER

Dentro de cada persona hay un gigante dormido. Cuando se despierta el gigante pasan cosas milagrosas.

FREDERICK FAUST

5 maneras de hacer que resplandezca tu yo interior

1. Sé la persona más auténtica que conozcas, para que la persona que muestras al mundo refleje la que eres por dentro.

2. Conviértete en la persona más amable que conozcas.

3. Di siempre tu verdad (pero de forma afectuosa).

4. Vive cada día siendo consciente de tu mortalidad.

5. Preocúpate más por la felicidad ajena que por la propia.

30

El reto del liderazgo

En la película *Rounders* el famoso funámbulo Pappa Wallenda dice: «La vida se vive en la cuerda floja. Lo demás es una simple espera». Toda la alegría de tu vida, todas sus posibilidades, todo lo que pueda tener de festivo, se sitúa al otro lado de las puertas de tus miedos. Correr riesgos a diario es una forma poderosa de acceder a los lugares más altos de tu vida. Nunca olvides que más allá de todos tus temores reside la libertad absoluta. Dedica hoy cinco minutos a hacer una «auditoría de miedos» que enumere todos aquellos que impiden que trasluzca tu grandeza como ser humano. Después, durante treinta días, haz algo pequeño pero incómodo que aborde esos miedos (que en el fondo solo son limitaciones imaginarias que te has construido durante tu viaje por la vida). Siente el miedo, pero hazlo de todos modos. A lo largo de las próximas semanas empezará a producirse un cambio muy notable en tu interior. Aumentará la confianza, y el ímpetu te llevará a vencer otros temores.

Citas en las que inspirarte

El lugar en que viven tus mayores miedos es también el lugar en que reside tu mayor crecimiento.

ROBIN SHARMA

Vivir en los corazones que dejamos atrás es no morir.

THOMAS CAMPBELL

Pregúntale a tu corazón: «Si mi vida fuera solo algo más larga, ¿qué es lo más importante, a qué doy valor, cómo deseo vivir?».

JACK KORNFIELD

Déjate de pequeñeces en tu vida. Afronta tus miedos, prescinde del pasado y ahonda en tu corazón para volver a conectar con la persona que estabas destinado a ser. Después, sal hoy al mundo y haz algo pequeño para mejorarlo.

ROBIN SHARMA

5 maneras de ser tu yo más elevado

1. Sé siempre compasivo. Nadie se ha arrepentido nunca en su lecho de muerte de haber sido amable. Para vivir mejor es fundamental que tus actos, tus palabras y tu vida partan del corazón. Solo entonces cambiará tu universo.

2. Sé humilde. Vive con lo que llaman los sabios orientales «la mente del principiante». Recuerda que todo aquel que entra en tu vida tiene una historia que contar y una lección que ofrecer, siempre y cuando seas lo bastante sabio para no cerrarte a ellas. Recuerda también que todos aquellos que entran en tu vida lo hacen siempre en el momento más indicado para enseñarte la lección que más necesitabas aprender.

3. Domina el arte de estar incómodo. La alegría de vivir radica en saber estar en las ramas más altas. Deja de anhelar seguridad y de quedarte en tu pequeña zona de complacencia. Ten sueños más atrevidos. Conoce a personas más sabias. Haz cosas de mayor trascendencia. Cultiva el hábito de la acción; no deseches nunca una nueva idea sin haber antes intentado darle forma.

4. Sé un constructor de relaciones y una luz en este mundo. Cuanto más ricas sean tus relaciones, más te enriquecerás interiormente. La felicidad del ser humano deriva en gran parte del grado de conexión que establece con las personas que forman parte de su vida. Las personas felices, las que lo son de verdad, invierten mucho esfuerzo en sus «conexiones humanas». Durante los próximos treinta días pregúntate cómo puedes ser una luz más intensa para las personas que te rodean. Tal vez te comprometas a sonreír más, o a ser más confiado, o a ayudar más. Si quieres que en tu vida haya más amor, tan solo tienes que ser más afectuoso. Recuerda que para tener más en la vida primero tienes que ser más para el mundo.

5. Haz un trabajo interior. En la vida, cualquier liderazgo empieza por el de uno mismo. Deja de pensar que ojalá cambien los que te rodean, para que así pueda cambiar tu vida. Pon manos a la obra y mejora como persona. Verás cómo te ocurren cosas buenas. Lee media hora al día. Escribe un diario, para ser más consciente de cómo es tu vida. Respeta tu tiempo. Cuida tu cuerpo. Entra en comunión con la naturaleza y vuélcate desde lo más profundo de tu ser en elevar tu modo de pensar, sentir y vivir.

31

Lidera sin cargo

Durante los últimos meses he viajado a muchos países para exponer un mensaje muy sencillo a varias organizaciones: que todos, desde el consejero delegado al recepcionista, tienen que pensar, sentir y actuar como líderes. Estoy profundamente convencido de que la ventaja competitiva de una empresa radica en su capacidad de fomentar más deprisa que la competencia las capacidades de liderazgo de sus integrantes. El liderazgo no es solo para los que trabajan en los despachos de dirección. Independientemente de lo que hagas en una organización (o en tu comunidad), si consumes oxígeno tienes la oportunidad de mostrar liderazgo. Y este mundo necesita más que nunca que los seres humanos se comporten como líderes. Para decirlo de manera sencilla, si tenemos alguna esperanza de llegar a la grandeza es necesario que lideremos todos, tengamos o no un cargo.

Muchos directivos me preguntan en qué consiste el verdadero liderazgo. Liderar, para mí, significa responsabilizarse personalmente de los resultados. Es conseguir que se hagan las cosas. Es cumplir las promesas. Es ver lo mejor de la gente y orientarla hacia el éxito. Es ser la persona más positiva que conozcas, y un individuo volcado en construir relaciones. Liderar es tener un gran sentido de la responsabilidad social, lo cual hace que no te conformes con hacer que tu organización sea lo mejor en su sector, sino que contribuyas a erigir un mundo nuevo. En última instancia, liderar es no maldecir la oscuridad, sino encender una vela.

Imagínate cómo sería el mundo si todos manifestásemos nuestras capacidades naturales de liderazgo. Nadie se sentiría una víctima del sistema. Todos usarían su creatividad natural para obtener resultados brillantes. La gente ayudaría a los demás a hacer realidad su potencial e influir así en el mundo. Las organizaciones se volverían extraordinarias, y también las comunidades. Y este mundo nuestro sería un lugar mucho mejor.

Citas en las que inspirarte

Las mejores empresas tienen mucho en común con los mejores equipos. Los jugadores que entrenan con tesón sin que se fije nadie en ellos suelen jugar con el mismo tesón cuando los mira todo el mundo. En cualquier nivel se puede analizar el éxito y dejar al descubierto la misma arquitectura.

MICHAEL JORDAN

El primer paso para salirse de lo común es tan fácil como dejar de ser común.

SETH GODIN

La salud es la corona en la cabeza de un hombre sano que solo ve el enfermo.

ANÓNIMO

Del modo en que vives tus días, así das forma a tu vida.

ROBIN SHARMA

No te rindas

Aquí estoy, sentado en un Starbucks y tomándome un café. Estoy pensando. No sueño despierto. No pierdo el tiempo. No me preocupo. Solo pienso. Es, sin duda, una de mis mejores costumbres. Pienso sobre todo en lo importante que es tener el sentido de una misión y mantenerse fiel a él, aunque no sea fácil.

He observado que cuanto más grandes son mis sueños más obstáculos encuentro en el camino. Mi misión en la vida es bastante sencilla: quiero ayudar a los seres humanos a ser extraordinarios, y que las organizaciones lideren su sector. Me apasiona la idea de que ese sueño se haga realidad y el hecho de aportar mi grano de arena para mejorar el mundo. Para mí no se trata solo de un negocio, sino que es mi vocación, pero cuanto más altas son mis aspiraciones a mayores pruebas tengo que enfrentarme. ¿Te suena de algo?

De todos modos, los retos son buenos. Gracias a ellos crecemos. Cuando más vivos estamos es cuando nos hallamos en peligro. Los más sabios, los auténticos líderes, sonríen frente a la adversidad. Comprenden que la vida pone a prueba a los grandes soñadores, a los revolucionarios apasionados. Es algo parecido a sacar las malas hierbas: los únicos que llegan a vivir el canto de su corazón son los más fuertes (y mejores).

En suma, estoy decidido a superar todas las resistencias con las que me tope. No apartaré la vista de mi sueño. Me ceñiré al mensaje, a la misión, sin vacilar. Porque este mundo es nuestro, de los soñadores; tuyo y mío. Y tanto si al final ganamos como si no, habremos marcado la diferencia. Con eso me basta.

32

La importancia de la perspectiva

No hace mucho estuve tres días en la India preparando la adaptación al cine de *El monje que vendió su Ferrari*, y tras conocer a una serie de personas de un país tan grande y de culturas tan diversas tuve la oportunidad de recuperar la perspectiva. Fue un recordatorio de que viaje adonde viaje los seres humanos siempre se enfrentan a los mismos retos. Conozca a quien conozca, compartimos todos los mismos anhelos. Conecte con quien conecte, he acabado por entender que todos formamos parte de una sola y gran familia, unida por lazos invisibles.

Te invito a que durante el verano dediques un tiempo a recuperar la perspectiva. Podría ser beneficioso para ti buscar tiempo para hacer una lista de todo lo bueno que hay en tu vida, y escribir cartas de gratitud a las personas que lo han hecho posible. También podrías echar mano del teléfono y hablar con personas que hayan enriquecido tu vida y te hayan ayudado cuando más lo necesitabas. Podrías reflexionar sobre lo afortunado que eres en un mundo donde muchos luchan por sobrevivir. Cuando hagas el inventario de tu vida piensa en los libros que han forjado tu modo de pensar y en las películas que te han servido de inspiración. Piensa en las personas con las que has trabajado y que han mejorado tu vida, y en las experiencias que te han definido.

Es muy fácil caer en la trampa de vivir nuestra vida de forma que estemos tan ocupados que nunca nos tomemos el tiempo de trabajar en ella. Durante estos meses de mayor tranquilidad podría ser útil que reflexionases sobre qué quieres crear en los próximos años, y en cómo insuflarás vida a tus sueños. Reflexiona sobre lo que funciona y lo que no en tu vida. Analiza lo que en ella es excelente, y las cosas que, por el contrario, no están en sintonía con tu compromiso de ser un auténtico fuera de serie en todo lo que haces. Y recuerda que si no lo das todo como ser humano, el mundo será peor.

Citas en las que inspirarte

No puede haber progresión ni logros sin cierto grado de sacrificio. Nuestro éxito en el mundo será directamente proporcional al grado en que superemos las ideas egoístas e indulgentes y fijemos nuestro pensamiento en el desarrollo de nuestros planes y en el fortalecimiento de nuestra determinación e independencia.

JAMES ALLEN

No deja de ser un mundo hermoso, a pesar de su vergüenza, su aridez, sus sueños rotos. Sé alegre. Pugna por ser feliz.

DESIDERATA

Dos hombres miran a través de los mismos barrotes. Uno ve el fango, y otro las estrellas.

FREDERICK LANGBRIDGE

Cuando vives tu verdad, tus sueños se abren camino hasta tu puerta.

ROBIN SHARMA

Temas que desarrollar en tu diario

1. El éxito sin relevancia es una victoria vacía.

2. Nunca se ha conseguido nada grande sin trabajar mucho y sin grandes sacrificios.

3. Cuanto mayor es el riesgo mayores son las recompensas.

4. Cuando haces cosas buenas por los demás también te ocurren a ti.

33

El lado humano de los negocios

Siempre que empezamos a trabajar con alguno de nuestros clientes (desde compañías del Fortune 500 a medianas empresas) oigo comentarios de este tipo: «El liderazgo es el lado suave de los negocios. A lo que dedicamos la mayor parte del tiempo es a la estrategia, a los sistemas y a los procesos». Qué fácil es olvidar que hacen falta personas para poner una estrategia en práctica, que para hacer realidad una visión se requieren seres humanos apasionados y que para hacer crecer una empresa, fortaleciendo las relaciones con el cliente, se necesitan personas con talento. Aunque tengas la estrategia más brillante del mundo, si tu equipo no la siente como algo suyo, si no está comprometido con ella ni tiene fe en ella, siempre habrá una brecha entre la visión que se tienen y los resultados. Son los seres humanos quienes llevan los negocios al ámbito de la grandeza. ¿Tienes como principio organizativo «las personas son lo primero»?

El verdadero liderazgo radica en gran medida en poner a las personas por delante de todo. Cuando estimulas el desarrollo personal de tus empleados incrementas de forma invariable los beneficios de la empresa. Si orientas a tu equipo sobre la manera de rendir al máximo y creas un espacio de trabajo donde se respete al ser humano, mejorará el balance final. Cuando tu equipo está satisfecho de sí mismo, orgulloso del valor que aporta mediante su trabajo a sus compañeros, su pasión se vuelve contagiosa. Recuerda, además, que a la gente le encanta hacer negocios con gente a quien le encantan los negocios.

Un fin de semana fui a ver a mi hermano y a su familia, y tuve la maravillosa oportunidad de acostar a mi sobrino de cinco años. Cuando acabé de leerle un cuento, me dijo con una voz enternecedora: «¿Puedes darme pensamientos bonitos?». Le pregunté qué quería decir, y me contestó que todas las noches, justo antes de que se durmiera, su madre y su padre le daban tres o cuatro «pensamientos bonitos». Dijo que le ayudaban a soñar cosas bonitas.

Si en algo consiste el liderazgo es en soñar. Los grandes líderes son grandes soñadores, y por eso te brindo tres hermosos pensamientos, para ayudarte a seguir «soñando cosas bonitas»:

• Pensamiento bonito n.º 1: las grandes empresas se crean fomentando la capacidad de excelencia de sus integrantes. Recuerda que hacer crecer a tu equipo no es una «prioridad de menor importancia». Ayudarlos a aprender, a crecer y a evolucionar como seres humanos es tu principal objetivo. Cuando se anime tu equipo se animará tu negocio.

- Pensamiento bonito n.º 2: el secreto del éxito es encontrar una causa mayor que tú y dedicarte a ella en cuerpo y alma. Llevas integrada en lo más profundo de tu ser la necesidad de trascender. Al recordarlo y entregar tu vida a algún tipo de misión central u objetivo principal, haces honor a tu esencia. Ya no traicionas a tu verdadero yo. Empiezas a identificarte con algo, y tu vida se pone a funcionar.

- Pensamiento bonito n.º 3: conviértete en la persona más amable que conozcas. Ten unos modales impecables. Sé puntual. Promete poco y da más de lo que se espera. Lidera con mucho corazón. De ese modo no solo gozarás de una ventaja duradera en términos competitivos, sino que experimentarás una felicidad que no habías sentido en mucho tiempo. (Qué paradoja más interesante, ¿verdad? Cuanto más damos de nosotros mismos más alegría recibimos.)

Citas en las que inspirarte

No dejaremos de explorar, y al final de nuestra búsqueda llegaremos adonde empezamos y conoceremos por primera vez el lugar.

T. S. Elliot

Cuanto mejor es lo que sabes mejor es lo que haces.

Maya Angelou

La necesidad más profunda del corazón humano es la de vivir por algo más importante y más grande que su yo. Cuando entregas tu vida a algún tipo de causa o de cruzada que implique añadir valor a las vidas humanas, accedes a tus posibilidades más altas como ser humano, y automáticamente empieza a funcionar tu vida.

ROBIN SHARMA

Donde haya un ser humano habrá una ocasión para la bondad.

SÉNECA

El mejor premio que nos brinda la vida es la oportunidad de aplicarnos a fondo en un trabajo que valga la pena.

THEODORE ROOSEVELT

10 cosas que hacen los auténticos líderes

¿Cómo sería tu vida si no tuvieras ningún miedo? ¿Qué tipo de cosas harías si basases tu vida en un marco de referencia en el que tus ideas pudieran dar literalmente forma a tu mundo? ¿Con qué fuerza brillaría tu luz si salieras de las limitaciones que te empequeñecen y, alejándote mucho de tu zona de confort, entraras donde sabes en lo

más profundo de ti que deberías estar? El verdadero liderazgo no surge de tu cargo, ni de lo mucho que cobres.
Esta forma de liderazgo se debe a tu propio yo, y a tu forma de ser.

Aquí tienes diez cosas que hacen con regularidad los
auténticos líderes:

1. Dicen su verdad. Hoy en día, en los negocios, a menudo «nos tragamos» esa verdad. Decimos cosas para com-
placer a los demás y quedar bien. Los auténticos líderes son
de otra pasta. Ellos dicen siempre la verdad. Nunca se trai-
cionarían usando palabras que no sintonizaran con su ser.
De todos modos, eso no le da licencia a nadie para decir cosas ofensivas. Decir la verdad consiste simplemente en ser
claro, sincero y auténtico.

2. Lideran desde el corazón. Decir negocios es decir
personas. Decir liderazgo es decir personas. Los mejores líderes van con la verdad por delante, y no les da miedo mostrar su vulnerabilidad. Se preocupan sinceramente por los
demás, y dedican su tiempo al desarrollo de quienes los rodean. Son como el sol, que se entrega sin reservas a las plantas y a los árboles, y a cambio las plantas y los árboles siempre crecen en su dirección.

3. Tienen un alto sentido de la ética. Su personalidad
es aún más poderosa que sus palabras. El verdadero poder
es la fortaleza de carácter, que se percibe incluso en la dis-
tancia. Los auténticos líderes trabajan en su carácter. Res-
paldan con hechos sus palabras, y están en sintonía con

su núcleo de valores. Son nobles y buenos. Y por esta razón la gente confía en ellos, los respeta y los escucha.

4. Son valientes. Hace falta mucho valor para ir a contracorriente. Se necesita mucha fuerza interior para hacer lo que uno considera correcto aunque no sea fácil. Vivimos en un mundo donde mucha gente sigue la ley del mínimo esfuerzo. El verdadero liderazgo consiste en tomar el camino menos transitado y no optar por lo fácil, sino por lo correcto.

5. Construyen equipos y crean comunidades. Una de las cosas que más busca la gente en su experiencia laboral es un sentido de comunidad. Antes la comunidad nos la daba el lugar donde vivíamos. Se hacían fiestas en las casas de vecinos y picnics en la calle. En la nueva era laboral, los empleados buscan el sentido de comunidad y establecer relaciones en el lugar de trabajo. Los auténticos líderes crean espacios de trabajo que fomentan los vínculos humanos y las amistades duraderas.

6. Profundizan en sí mismos. La labor del auténtico líder es adentrarse en su interior para descubrir quién es realmente y alimentar así una estrecha relación consigo mismo. Conoce sus flaquezas, y saca partido de sus virtudes. Y dedica mucho tiempo a trascender sus miedos.

7. Son soñadores. Dijo Einstein: «La imaginación es más importante que el conocimiento». Las grandes cosas nacen de nuestra imaginación. Los verdaderos líderes se atreven a soñar lo imposible. Ven lo mismo que todos, pero luego sueñan con nuevas posibilidades. Pasan mucho tiempo con los ojos cerrados, creando planes y fantasías que desembocan en mejores productos, mejores servicios, mejores espacios de trabajo y un valor más profundo. ¿Con qué frecuencia cierras tú los ojos y sueñas?

8. Se cuidan. Cuidar tu cuerpo es una muestra de respeto a ti mismo. Si no te sientes bien físicamente no puedes hacer grandes cosas en el trabajo. Los auténticos líderes comen de forma equilibrada y sana, hacen ejercicio y cuidan sus cuerpos como templos. Se rodean de naturaleza, beben mucha agua y cada cierto tiempo reciben un masaje, para poder rendir físicamente al máximo.

9. Más que en la perfección, están volcados en la excelencia. Ningún ser humano es perfecto; todos somos procesos inacabados. Los auténticos líderes se vuelcan en la excelencia en todo lo que hacen. Fuerzan constantemente los límites, y elevan así el listón. No aspiran a la perfección. Tienen la sensatez de diferenciar una cosa de la otra. ¿Cómo sería tu vida si elevaras tu listón muy por encima de lo que pudieran imaginar los demás sobre ti?

10. Dejan un legado. Vivir en los corazones de las personas que te rodean es no morir nunca. El éxito es maravilloso, pero aún es mejor la relevancia. Estás hecho para aportar algo y dejar huella en quienes te rodean. Si no basas tu vida en este marco de referencia te traicionas a ti mismo. Los auténticos líderes están constantemente construyendo su legado, añadiendo así un profundo valor a todas las personas con las que tienen trato, al tiempo que mejoran el mundo.

Preguntas que desarrollar en tu diario

1. Si tu vida pudiera resumirse en una sola palabra, ¿cuál sería, y por qué?

2. ¿Cuál ha sido el momento determinante de tu vida, y en qué medida sirvió para conformarte, cincelarte y desarrollarte?

3. ¿A qué te resistes más en este momento de tu vida?

34

Renovarse viajando

El sentido de la vida, tal como lo veo yo, es aprender, crecer y recuperar el auténtico poder que hay dentro de nosotros. Viajar es una de las mejores maneras de crecer, tanto profesional como personalmente, porque nos brinda la oportunidad de salir del puerto seguro de nuestra rutina cotidiana, renovar nuestra perspectiva, exponernos a nuevas ideas y enfrentarnos a nuestras resistencias.

Acabo de volver de dos semanas en Europa e Israel, durante las que he llenado de ideas, reflexiones y observaciones dos diarios con encuadernación de piel. Ha sido un viaje que me ha renovado, me ha inspirado y me ha hecho volcarme de nuevo en sacar lo mejor de mí. En Londres me alojé en el St. Martin's Lane, un hotel cuyo dueño es Ian Schrager (el antiguo propietario del Studio 54, que se ha reinventado en el sector de los hoteles boutique). El St. Martin's Lane es un cursillo acelerado sobre innovación, y un ejemplo excepcional de creatividad en los negocios. Nada más subir en el ascensor te encuentras con una pantalla desde la que te miran unos ojos. La experiencia continúa con la música que suena tanto en el ascensor como en los pasillos, y que es algo único. Cuando entras en la habitación, te quedas maravillado cuando constatas que la iluminación puede personalizarse al gusto del cliente, y que toda la estancia presenta una gama de colores que va del morado al azul, pasando por el rojo y el verde. El St. Martin's Lane no solo destaca por la experiencia que crea, sino por unos niveles de servicio como pocas veces he encontrado. Después fui a Amsterdam, donde visité el museo de Ana Frank, emotivo homenaje al poder de una sola persona para hacer el bien en el mundo. En París recibí un alud de ideas al visitar el museo de Salvador Dalí, un hombre que no se limitaba a saltarse las convenciones, sino que las hacía pedazos y se las comía: un artista de auténtico relieve, y un genio por derecho propio. En Florencia vi salir el sol detrás del Duomo, y contemplé algunas de las obras de arte más valiosas del mundo en la galería de los Uffizi. En Roma vi cómo se ponía el sol detrás del Coliseo, y recordé cómo se volcó la antigua Roma en la excelencia en todo lo que hacía, desde el ejercicio físico a la filosofía.

En Israel, por último, me sentí profundamente conmovido por los lugares sagrados de Jerusalén, y mi alma aventurera disfrutó con la oportunidad de flotar en el mar Muerto y ver la cueva donde se descubrieron los manuscritos originales que llevan el nombre de este último. Tanto si te tomas un año sabático para ir en barco como si sales de puente para reencontrarte con un ser querido, el viaje te renovará y será un acicate para dar lo mejor que llevas dentro. Toma hoy mismo la decisión de leer más, apuntarte a un seminario que te ayude a cumplir todo tu potencial y a hacer lo necesario para ir más allá de tu actual zona de seguridad. Como dijo Carl Jung, «cuando el miedo es caerse, la única seguridad es saltar».

Citas en las que inspirarte

Hacer daño es hacértelo a ti mismo. Cometer una injusticia es infligírtela a ti mismo, y te degrada.

MARCO AURELIO

Somos gente de la tierra que ha emprendido un viaje espiritual a las estrellas. Nuestra búsqueda, nuestro recorrido terrestre, es mirar en nuestro interior para saber quiénes somos y ver que estamos conectados con todo, que no hay separación salvo en la mente.

PROVERBIO NATIVO AMERICANO

Estás hecho para la grandeza. Cuando vives en pequeño no solo te deshonras a ti mismo, sino a la fuerza que te creó.

ROBIN SHARMA

La mayoría anhelamos mejorar nuestras circunstancias, pero no estamos dispuestos a mejorarnos a nosotros mismos, y en consecuencia seguimos atados.

JAMES ALLEN,
Como un hombre piensa

Preguntas que desarrollar en tu diario

1. ¿Estoy dándolo todo como ser humano?

2. ¿Estoy plantando cara a mis resistencias y yendo al encuentro de mis miedos?

3. ¿Vivo mi vida o la que quieren que viva los que me rodean?

4. ¿Qué tendría que pasar entre ahora y el final del año para que sienta que soy un éxito?

5. ¿Cuáles son las tres cosas más importantes en mi vida? ¿Me estoy centrando en ellas?

35

Sabiduría vital para enriquecer tu camino

He aquí un fragmento de mi libro *Lecciones sobre la vida del monje que vendió su Ferrari* (que puede adquirirse en www.robinsharma.com o en cualquier buena librería).

Al preguntarle sobre los altibajos de su carrera profesional, la estrella de cine Kevin Costner respondió con estas palabras: «Estoy viviendo una vida». Su respuesta me pareció muy profunda. En lugar de pasarse los días juzgando los sucesos y experiencias de su vida como buenos o malos, él adoptó una posición neutral y sencillamente decidió aceptarlos como lo que eran: una parte natural del sendero que sigue.

Todos recorremos caminos distintos para alcanzar nuestro destino último. Para algunos el sendero es más accidentado que para otros. Pero nadie llega al final sin tropezar con la adversidad de una u otra forma. Por eso, en lugar de luchar contra ella, ¿por qué no aceptarla como parte de la vida? ¿Por qué no dejas a un lado las consecuencias y experimentas plenamente cada circunstancia de tu vida? Siente el dolor y saborea la felicidad. Si nunca has visitado los valles, el paisaje desde la cima de la montaña no es tan espectacular. Recuerda: no hay verdaderos fracasos en la vida, solo resultados. No hay verdaderas tragedias, solo lecciones. Y no hay verdaderos problemas, son solo oportunidades que la persona sabia aprovecha para encontrar soluciones.

Citas en las que inspirarte

Pocos tendrán la grandeza de cambiar el curso de la historia, pero todos podemos esforzarnos por modificar una pequeña parte de los acontecimientos; en la suma de todos esos actos se escribirá la historia de esta generación.

ROBERT F. KENNEDY

Hay en la vida de cualquier persona un momento especial que es para el que nació. Esa oportunidad especial, si la aprovecha, coronará la misión de esa persona, que está más facultada que cualquier otra para ella. Es en ese momento cuando encontramos nuestra grandeza. Es nuestro momento culminante.

WINSTON CHURCHILL

Muy lejos, en la luz del sol, se hallan mis más altas aspiraciones. Es posible que nunca las alcance, pero sí puedo alzar la mirada, ver su belleza, creer en ellas e intentar seguirlas.

LOUISA MAY ALCOTT

Las 3 últimas preguntas del final de la vida

Al final de tu vida, cuando te hayas despojado de todo aquello que ahora nos resulta importante, solo quedarán tres cosas esenciales:

1. ¿Has vivido sabiamente?
2. ¿Has amado profundamente?
3. ¿Y has servido al mundo con grandeza?

Si al final de tu vida estas preguntas serán importantes, ¿por qué no tienes el valor de hacer que lo sean ahora? Las personas de máximo rendimiento solo son individuos que han descubierto lo más importante de sus vidas, y que a partir de ahí han construido su existencia alrededor de estas prioridades. Reserva unos momentos de la próxima semana para estar en silencio y reflexionar/escribir en tu diario sobre las «preguntas finales» que acabo de reproducir. Define lo que significa para ti una vida sabia. Quizá sea tratar bien a los demás, dar lo mejor de uno mismo y ver las adversidades como un regalo. Reflexiona después sobre lo que entiendes por amar profundamente. ¿Significa ser vulnerable y decir tu verdad en relación con todas las personas de tu vida? Tal vez consista en practicar actos diarios de compasión, comprensión y perdón, o algo tan simple como tomarse el tiempo de disfrutar del vínculo con otros seres humanos y percatarse del bienestar que eso nos procura. Por último, crea un modelo mental de cómo sería una vida dedicada a servir con grandeza. Pregúntate: «¿Qué estoy haciendo para construir el mundo?». Reflexiona sobre tu legado, y sobre cómo sabrán las generaciones venideras que el planeta se benefició de tu presencia.

No se tarda más de una hora en realizar este pequeño ejercicio, pero te servirá para que tu vida sea mucho más intencionada, reflexiva y consciente.

8 maneras de hacerte cargo de tu vida

1. Convierte las heridas en sabiduría. Tómate los escollos como peldaños para ascender.

2. En vez de medirte siempre con quien sueñas ser, valora lo lejos que has llegado.

3. Practica la regla de la «pequeña ventaja»: haz cada día algo pequeño para mejorar tu mente, tu cuerpo y tu espíritu.

4. Sé consciente de que no vemos el mundo tal como es, sino tal como somos.

5. Céntrate más en crear un valor profundo que en cerrar una venta.

6. Debes saber que el cambio en el trabajo y en la vida no es más que tu propio crecimiento, que viene a buscarte.

7. Frente a las adversidades, relájate y pregúntate: «¿Qué lección vital se me está dando?».

8. Date cuenta de que más allá de tus miedos reside tu fortuna.

36

La necesidad de darlo todo

Hace poco pasé dos días y medio con un grupo formado por algunos de los seres humanos más valientes, fascinantes, evolucionados, apasionados y afectuosos que he conocido en mi vida. Esta pandilla de soñadores vino de todo el mundo para asistir al fin de semana Awakening Best Self, nuestro taller insignia de descubrimiento personal, que ha ayudado a miles de personas a vivir de la mejor manera posible, tanto en el ámbito personal como en el profesional. De Australia vino uno de los principales productores mundiales de programas infantiles. De Sudamérica acudió un nominado al premio Nobel. De Estados Unidos y Canadá llegaron consejeros delegados y empresarios, así como amos de casa, estudiantes y profesores, y todos venían por una razón muy sencilla: en su fuero interno sabían que estaba a su alcance una vida más grande, y tenían el arrojo espiritual necesario para basar sus actos en esa certeza.

A lo largo del fin de semana observé cómo una serie de hombres y mujeres normales se revelaban como personas excepcionales. Vi que un grupo de seres humanos tenía el valor de mirar en lo más hondo de su ser y descubrir lo mejor que contenía, a la vez que tomaba conciencia de las restricciones que lo limitaban durante la mayor parte de la vida. Vi cómo aceptaban y después trascendían sus miedos dominantes, y volvían a conectar con el sentido infantil del asombro que muchos de nosotros perdimos al abandonar la perfección de la niñez y convertirnos con la madurez en adultos demasiado serios y hastiados de la vida. Recuerda que los adultos solo son niños venidos a menos. Yo creo que el objetivo de este viaje humano por la vida no es mejorar, sino recordarse. Vi, por último, su risa, e incluso su llanto, cuando se dieron cuenta de que la grandeza personal no está reservada a unos pocos elegidos, sino que pertenece por derecho a cualquier persona que viva en este planeta.

Estas personas, y tú, sois mis héroes. A veces me agotan las exigencias que se me plantean, pero cuando veo a individuos como los que asistieron al fin de semana ABS, o conozco en mis seminarios a personas que se han responsabilizado de sus vidas, u oigo historias de gente que ha leído mis libros y ha partido de esa información para dar mucho más de sí como seres humanos, me siento estimulado. Hay demasiada gente que se conforma con poco. Hay demasiada gente que se traiciona a sí misma rindiendo a un nivel muy por debajo de su capacidad. Hay demasiada gente que ha perdido la fe en los sueños y pasiones a los que tanto se aferraban antaño. Y eso es así porque la buena gente se ha olvidado de que su destino es la grandeza. Han hecho suyos los miedos que fomenta su entorno, y se han resignado a la mediocridad.

Voy a hacerte una pregunta: ¿cómo sería nuestro mundo si todos sacaran lo mejor de sí mismos y sintieran amor por su trabajo y por su vida en general? Ya sabemos los dos la respuesta, así que empieza hoy mismo como un ejército de un solo hombre. Despójate de los grilletes de tu pasado y sé más imaginativo, más excelente, más positivo y más afectuoso. Sé quien en el fondo has querido siempre ser. Apuesta mejor, con más atrevimiento, más a lo grande. Te estoy desafiando.

Citas en las que inspirarte

A los seres humanos los impulsa la emoción, no la razón.

KEVIN ROBERTS,
consejero delegado de Saatchi & Saatchi

El respeto es el amor sin sus galas.

FRANKIE BYRNE

Donde viven tus máximos temores es también donde reside tu mayor crecimiento. ¿Por qué ibas a huir de eso?

ROBIN SHARMA

Preguntas que desarrollar en tu diario

1. ¿Cuál es la mejor lección que te ha dado la vida?
2. ¿Quién serías si no supieras quién eres?
3. ¿Qué aspecto reviste la grandeza en tu vida?
4. Si una chica de dieciocho años te pidiera consejo sobre el éxito en la vida, ¿qué le dirías?
5. ¿Cómo te sentirás al final de tu vida si no haces los cambios que sabes que necesitas hacer?

Gana el que más piensa

Durante los últimos años he tenido el privilegio de ser coach de algunas de las personas con más éxito del mundo. He trabajado con consejeros delegados de compañías del más alto nivel, con grandes triunfadores del mundo de la empresa, con un pentacampeón mundial de carreras de lanchas a motor y con unas cuantas estrellas deseosas de encontrar una mejor manera de vivir. Si alguna característica en común he observado entre quienes viven vidas extraordinarias es que los mejores se toman el tiempo de pensar. Hay demasiada gente que vive sin rumbo. Hay demasiada gente tan ocupada en correr de un día al otro que no piensa adónde va ni por qué corre. Aquí tienes una fórmula muy efectiva que les explico a mis clientes: pasa una tercera parte del tiempo pensando (planeando, evaluando, analizando y fomentando la conciencia), una tercera parte del tiempo actuando (persiguiendo tus objetivos, posibilitando cosas) y otra tercera parte comunicándote (asesorando, creando relaciones o haciendo proselitismo de tus esperanzas y de tus sueños).

Levántate por la mañana y piensa. Repasa tus planes, e identifica tus limitaciones. Reflexiona sobre cómo trabajas y vives, y adopta el compromiso de efectuar los cambios de rumbo necesarios para mejorar. Piensa en qué debería ocurrir durante el día para que tengas la sensación de haber vivido con plenitud y grandeza. Recuerda que del modo en que vives tus días, así darás forma a tu vida. En realidad tus días son tu vida en miniatura. Y recuerda también que cuanto mejor pienses mejor actuarás.

Audaz, productivo y feliz de Robin Sharma
se terminó de imprimir en noviembre de 2015
en los talleres de
Litográfica Ingramex, S.A. de C.V.
Centeno 162-1, Col. Granjas Esmeralda, C.P. 09810, México D.F.